みんなのお弁当日記

20人のおいしそうなお昼、
覗かせていただきます♪

はじめに

今や日本の文化ともいえる「お弁当」。

有名料理家さんでなくても、フードスタイリストさんがついてなくても、普通の人たちが毎日コツコツと作り続けているお弁当こそ、おいしそうでまねしてみたくなるものです。

本書は人気のお弁当ブロガーさん20名による386日、春夏秋冬のお弁当記録ブックです。

丁寧に作られたわっぱ弁当あり、男子学生のためのボリューム弁当あり、彩り豊かなカフェ風弁当あり。

その人の生活がかいま見える、さまざまなお弁当写真386点と、その日のちょっとした記録を紹介させてもらいました。お弁当作り開始の時間や、お弁当作りにかかる時間、お弁当へのこだわりなどもあわせてご紹介しています。

お弁当メニューのアイデアの素として。モチベーションアップとして。

「明日のお弁当、何にしようかな?」「これからはお弁当作り、頑張ろうかな?」と思ったときに、パラパラめくって楽しんでいただきたい一冊です。

お弁当はいつも、うれしい、おいしい。

毎朝、お弁当作りを続けている人たちの、おいしそうなお弁当・春夏秋冬。
明日はこんなお弁当にしてみようかな？ アイデアとやる気がわいてきます。

CONTENTS
みんなの
お弁当日記
目次

01 kotoriさん
KOTORI
おかずは3品。
気負わず
普段の延長で！
010

02 manaさん
MANA
5色を意識して
栄養バランスのいい
お弁当に♪
018

03 ねこさん
NECO
朝も昼も夜も
食べ物のことだけ
考えて生きてます。
026

04 haCoさん
HACO
蓋を開けたとき
ニコッとできる
ように！
034

05 ミドリさん
MIDORI
美しく詰めた
お弁当でひとり
ランチも楽しく。
042

CONTENTS
006

06 海野夏維さん
UMINO KAI

ランチが楽しみになる食欲優先弁当☆

050

07 YUKAさん
YUKA

常備菜と自家製冷食は時短でおいしい！

058

08 音海さん
OTOMI

子育て無事終了。パパ弁を気ままに作っています♪

066

09 にこさん
NIKO

卵焼き器を使って効率よく！

072

10 山本朋子さん
YAMAMOTO TOMOKO

楽しみながらドカ弁を作っています。

078

11 カバ子さん
KABATANI TOMOKO

夕食を多めに作って朝にチーン！

084

12 うちくるくるさん
UCHIKURUKURU

女子高生のためのかわいいカフェ弁を目指しています。

090

13 ぬまさん
NUMA

お弁当歴は7年。季節の野菜を使い、彩りよく。

096

14 にゃんこまさん
NYANKOMA

夫のために冷めてこそおいしいお弁当を。

102

15 Kaorinさん
KAORIN

フルーツと手作りデザートを添えています♪

108

CONTENTS
008

16 ゆけいさん
YUHEI
双子の男子高校生のためのボリューム弁当♪
114

17 ワタナベさん
WATANABE
冷凍食品や作り置きNGなので朝勝負！
120

18 コーヒーミルクさん
COFFEE MILK
あるものを詰める頑張りすぎない時短弁当。
126

19 おがわひろこさん
OGAWA HIROKO
無理せず家にあるものでお手軽に！
132

20 ぷにmamaさん
PUNIMAMA
柔道を頑張る息子のための部活めし！
138

01 kotoriさん
KOTORI

➡ 「男子学生弁当」 http://xxhibiben.blog14.fc2.com/

お弁当作りを開始する時間	お弁当作りにかかる時間
6時から	40分くらい

おかずは3品。気負わず普段の延長で！

関東在住、40代主婦。高校生と中学生の息子のお弁当を作っています。夫は単身赴任中。お弁当作りが始まったときは「大変なことになったかも」と思いましたが、慣れてしまえば毎日の日課となり、今では休みが入るとペースが乱れるとすら感じるようになりました。基本は手作りのもので、「お母さんのお弁当」的な茶色いお弁当を目指しています。

▶ お弁当へのこだわり
「ハレの日・ケの日」でメリハリをつける。旬の食材を取り入れ、それを子供にも伝えること。

▶ お弁当のメニューを決める方法
魚、肉、卵、乾物などなるべく日替わりで。また同じ味付けに偏らないように。

▶ 2014/04/01

豚ヒレ肉のバルサミコソテーで男子学生弁当

春

豚ヒレ肉のバルサミコソテー、具だくさんポテトサラダ、筑前煮、ピクルス

お弁当を作り始めた5年前の春は、とにかくと不安で仕方なかったものです。「寝坊してお弁当を作れなかったらどうしよう!?」と。でも毎日作り続ければ慣れるものですね。この5年間お弁当作りは皆勤賞！ 私の子育てでそれだけは自慢できるかも(笑)。さて特売だった豚ヒレ、何に使うかより「まずは買っとけ」。でも手持ちのメニューはヒレかつしかない。仕方ないのでネットで検索してみたところ、小じゃれた料理にたどり着きました。バルサミコ酢が食欲をそそる香りです。

▶ 2014/04/07 春

ささみのチーズ焼きで
男子学生弁当

ささみのチーズ焼き、いんげんのごま和え、ゆで
キャベツの梅醤おかか和え、塩卵

新学期。何が嫌って、役員決めのあの雰囲気が
……重いですよね！　幼稚園や小学校ではそんな
空気に耐えられず、よく自ら手を挙げたものです。
でもそのとき「じゃあ私もやろうかな」なんて言っ
てくれる人はいい人たちばかり！　今でも付き合
えているママ友はみな、そのときの役員仲間です。
さて、ささみのチーズ焼きは、栗原はるみさんの
レシピ本『ごちそうさまが、ききたくて』に載って
いたもの。簡単、おいしい、ヘルシーな便利おか
ずです。

▶ 2014/04/21 春

豚肉のみそ焼きで
男子学生弁当

豚肉のみそ焼き、大根のおかかのり和え、もやし
と人参のナムル、卵焼き

長男は現在高校3年生。元々食が細く、親としては
なんとか量を食べてもらいたいけれど、意外と
繊細な息子にとってそれはそれでプレッシャーに
なるようで……。そんな長男なので当然体は細く
極度の寒がり。しかし次男はその逆で、筋肉質の
暑がり……。部屋の温度設定でいつも小競り合い
しています（笑）。今日の男子学生弁当、豚ステー
キ肉を食べやすい大きさにカットして軽く塩こしょ
う、合わせておいたみそだれでからめました。

▶ 2014/05/03

男子部活弁当
梅きゅうり巻き

梅ときゅうりと白ごまパラリの細巻き、ささみの唐揚げ、甘い卵焼き

連休ですがうちの次男は今日も部活。気温もぐぐっと上がる暑い日なので、巻き寿司にしました。梅きゅうりがさっぱりとおいしく感じるかなと思って。次男の部活を1年前のちょうど今頃、見に行ったことがありましたが、その頃に比べると驚くほど上手になっていました。毎日のようにコツコツと練習すれば、こんなにも伸びるものなのだなぁと感心したほど。こういう子供の成長は本当に嬉しいものですね。

▶ 2014/06/25

牛肉とごぼうのしぐれ煮
卵とじで男子学生弁当

牛肉とごぼうのしぐれ煮卵とじ、アスパラの豚バラ巻き、塩煮かぼちゃのごま和え、自家製紅しょうが、けんちん汁

牛肉が安かったときに作り置きしておいた牛肉とごぼうのしぐれ煮。もう一度火を通し、煮汁もちょっと足して卵でとじました。ご飯の上にどーんでもよかったのですが、他に使い切りたい食材もあったので、あえておかずの一品に。使い切りたかった食材はアスパラと豚肉。アスパラに巻き巻きして塩こしょうして焼きました。

▶ 2014/07/28

夏のスープジャー弁当
ひんやりそうめん

冷え冷え具だくさんそうめん

よく食べる次男ですが、「お母さんごめん、今日お弁当が少し残ってるけど夕飯に食べるからね」ということが続きました。聞けば「暑くてさ〜」と。確かに。この炎天下、部活で走り回って汗だくになって、さぁお昼の時間だとなっても、ご飯がのどを通らない気持ち、想像できます……ということで、冷たい麺のお弁当にしてみました。次男はそうめんやうどんが大好きなのでちょうどいい♪つけ汁は、濃い目に作ったたれに氷を入れて、食べる頃にちょうどよくなっていればなと。

▶ 2014/07/31

話題のポップオーバーで
サンドイッチ

ポップオーバーサンド2種（スモークサーモンサンド、ハムペーストサンド）

話題のポップオーバー（見た目はシュークリームのシュー、食べるとパンっぽい）で、サンドイッチ。日テレ「Zip!」のレシピで作ってみました。パンよりも軽くて、もっちりした食感、妙に気に入ってしまったのでした。

▶ 2014/08/18

夏弁当　冷しゃぶ
冷やしうどんで男子学生弁当

冷やしうどん

今日から兄弟弁当です。今日は冷やしうどんにしました。付け合わせは冷しゃぶ・庭でとれたアイコ（ミニトマト）。それからこんがり焼いた油揚げ。みょうがにゆでオクラに揚げ玉ボンバー。長男が好きな具だくさん冷やしうどんです。

▶ 2014/08/20

夏

夏弁当　鶏肉となすの甘酢漬けで男子学生弁当

鶏肉となすの甘酢漬け

鶏もも肉、ささみ、なすに片栗粉を付けて揚げ、パプリカは素揚げ。油から上げ、落ち着いたところで、しょうゆと酢と砂糖と水のたれにドボン。夏のお弁当なので少し酢を多めに。夏休み中はすっかり「のっけ弁」が定番化してしまいました。次男は「濃い目の味付けのおかずがご飯にしみておいしい」と言ってくれます。長男は忙しいからか「パパッと食べられていいね」と言うので、そのお言葉に甘え、連日のっけ弁です。作るのも楽です♪

▶ 2014/08/23

夏

図書館弁当　ほたての照り焼きで男子学生弁当

ほたての照り焼き、焼いた長ねぎ

今日は土曜日なので図書館弁当。先日、そういえば図書館の「学習室」で勉強していると言っていたなぁと思い、ついでにそぉっとのぞいてみました。……いたいた、意外と真面目に勉強してました。涼しいし静かだし環境はバッチリ。あとは集中力のみ★
長男が大好きなほたての照り焼き、ほたてはよく水分を拭き取って軽く塩こしょう、片栗粉をまぶして揚げ焼きします。みりん、しょうゆを煮立たせたところにほたてを戻し、たれをからませたら出来上がり。

▶ 2014/08/26

しょうが焼きの卵とじで
男子学生弁当

夏

しょうが焼きの卵とじ、キャベツの粒マスタード和え、小松菜の塩漬け

しょうが焼きの卵とじは『フライパンひとつあればいい！つむぎやの男子弁当部』で紹介されていた絶品。長男のお弁当、ここのところ何気にご飯の量を増やしてます。受験は体力勝負だからしっかり食べてもらわないとね。

▶ 2014/10/02

栗ご飯と新米で
男子学生弁当

秋

栗ご飯、さばのコチュジャン揚げ、いんげんのごま和え、卵焼き

栗と新米をいただきました。嬉しい〜！ 栗は圧力鍋でふかし、夜なべして皮をむきました。無心での単純作業は大好きなのですが……なんとかむき終えた頃には燃え尽きました……。でもおいしい栗ご飯ができました！

▶ 2014/10/04

図書館サンドイッチ

秋

サンドイッチ2種（卵＆ハムサンド、シーチキンサンド、アスパラベーコン巻き、うさぎりんご）

次男いわく「サクッと食べられるお弁当」が所望で、おかずも要らないのだそうですが、次男の要望を裏切り、アスパラベーコンをつけました。さらには嫌がらせ行為に匹敵するうさぎりんごも（笑）。

▶ 2014/10/09

サーモンしそチーズフライで
男子学生弁当

秋

サーモンしそチーズフライ、ピーマンのきんぴら、なすの田舎煮、ねぎ卵焼き、さつま揚げ入り切り昆布の煮物

しそチーズフライは前の晩に下ごしらえをしておき朝は揚げるだけにしたもの。心配性の私、前の晩に自分が納得できる段階まで下ごしらえをしておかないと安心できないのです。この性分は一生変わらないでしょうね^^;

▶ 2014/11/21

肉詰めピーマンの
オーブン焼きで
男子学生弁当と塾弁

肉詰めピーマンのオーブン焼き、筑前煮、自家製メンマ、ひじきと切り干し大根の炒め煮、さつまいもの煮物／【塾弁】ロールキャベツ、自家製メンマ、ピーマンのじゃこ炒め

昨夜ロールキャベツだったので、その肉だねを使ってピーマンの肉詰め。今日はオーブン焼きだったので楽ちん♪ 塾弁は、昨日の夕飯のロールキャベツを、お弁当用に小さく作っておいたもの。和風だしにとろみをつけました。

▶ 2014/11/26

ソースかつ丼で
男子学生弁当

ソースかつ丼、ナムル、わかめとちくわの酢の物、さつまいも煮、ゆでブロッコリー、赤ピーマンのマリネ／【塾弁】焼き鮭、ちくわの天ぷら、人参のきんぴら、煮卵、たくあん

先日お店で食べた、卵でとじない「ソースかつ丼」。甘辛いたれが妙に後引く味で、お弁当に入れてあげたら喜ぶだろうな～と思ったので早速作ってみました。夜の塾弁はいろいろのっけ弁。焼き鮭と煮卵、しっかり味のきんぴら。今日のお弁当たち。品を感じないお弁当たちだわ……。

▶ 2014/12/23

昆布文字弁当　スーパー
Jチャンネルの渡辺アナ

昆布文字弁当

昨日の「スーパーJチャンネル」でけっこう長くご紹介いただきました、昆布文字弁当。渡辺アナに喜んでもらえたみたいで嬉しかったな（笑）。久しぶりに昆布を切ったらとっても楽しかったので、またちょこちょこ切っていけたらなと思ってます。

▶ 2014/12/24

しょうが焼きの卵とじで
男子学生弁当

しょうが焼きの卵とじ、大根の梅酢漬け

お弁当を見た次男、「いいねぇ」とニヤニヤ。肉の下には千切りキャベツがたっぷり敷いてあるけどね。しょうが焼きの卵とじは以前も作ったけど、お肉の厚みやお弁当箱の大きさが違うと全く別ものに見えます。

▶ 2014/12/25

ローストビーフ丼で
男子学生弁当

ローストビーフ丼

クリスマスなので、ローストビーフ丼。いつもと違うレシピで作ったところ……ありゃ、中までしっかり火が通っとるやないか。まぁでもお弁当だから逆によかったかも？ローストビーフの下にはグリーンサラダ。

▶ お弁当での失敗談　　EPISODE 1

お弁当作り5年目で初めて寝坊し、20分でお弁当完成。「私、やればできる子だったんだ」と思いました（笑）。いつものんびり作っているので。

プルコギは前日に野菜を切ってたれも合わせてありました。前日の自分に感謝！

02 manaさん
MANA

お弁当作りを開始する時間	お弁当作りにかかる時間
6時50分	30分くらい

▶ 「**mana'sKitchen**」 http://mxmhouse.exblog.jp/

5色を意識して栄養バランスのいいお弁当に♪

沖縄在住、40代の働く主婦です。仕事を始めたのをきっかけにお弁当作りが始まりました。節約も兼ねたお弁当歴はもう12年になります。残り物を詰めただけのお弁当でも、なぜかほっとするお昼時間。冷めてもおいしいお弁当なので、私は仕事時に限らず、お休みの日でもおうち弁当を楽しんだりしています。

▶ お弁当へのこだわり
彩りです。白、赤、黄、緑、黒の5色を揃えれば、自然に栄養バランスもいいお弁当に！

▶ お弁当のメニューを決める方法
メインのおかずを中心に決めることが多いです。副菜は常備菜を使うことも。

▶ 2014/01/06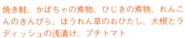

仕事始め ☆
今日のbento

焼き鮭、かぼちゃの煮物、ひじきの煮物、れんこんのきんぴら、ほうれん草のおひたし、大根とラディッシュの浅漬け、プチトマト

仕事始め。通勤ラッシュの時間帯、東京、大阪、名古屋などでは厳寒だったようですが……。沖縄はなんとも清々しいお天気。天気予報では最高気温19度、最低気温9度。東京と比べると最高も最低もちょうど10度の差があるのね。やはりかなり暖かい沖縄ですな(^^;)。さて、長い正月休みも終わって、また家族4人分の弁当作りが始まりました。今朝は鮭を焼いただけ(^_^)v あとは昨日作っておいたので、詰めるだけ弁当〜。

▶ **2014/01/29**

脳だまし ☆
今日のbento

豚肉のピリ辛炒め、だし巻き卵、人参しりしりー、ブロッコリーのおかかまぶし、プチトマト、枝豆スティック

今朝のラジオからこんな話題。コロラド大学の研究によると、睡眠不足でも「よく寝た」と思い込むことにより、寝不足な脳でもパフォーマンスを向上させることができることがわかったとか。逆に言うと「2時間しか寝てないわ〜」といった寝てないアピールばかりしているとその人のパフォーマンスが低下するという話。これを機に私もいい意味の自分だまし（脳だまし）を心がけようと思った朝でした。

▶ **2014/02/10**

高校生活
最後のお弁当♪

ごま照りチキン、ゆで卵、アスパラベーコン、塩ゆで人参、花ウインナー＆たこさんウインナー、プチトマト

高3の息子は、明日から就職休みに入る。高校生活も残すところ卒業式のみとなった。よって学校で食べるお弁当も今日が最後。4月には県外に行く息子。家族4人分のお弁当作りもあとわずかだな。こうして少しずつ楽になっていくけれど、それと同時にちょっぴり寂しさも感じるんだろうな……。

▶ 2014/03/31

手作りバーガー弁
☆　息子のイチオシ♪

春

ハンバーガー、ベーコンチーズバーガー、いちご
＆完熟金柑「たまたま」

昨日二次発酵させていたパン。20個くらい焼いたけど、うまいうまいと⅓は息子が食べよった。今日はその手作りパンでハンバーガー弁当〜〜。いよいよ今日は息子と一緒の晩ご飯もラストだ……。

▶ 2014/04/14

今日のbento♪

 春

レーズンパン、サラダ、いちご

母との京阪神旅行から戻りました。京都では息子の入学式に出席。息子に会うのは10日ぶり。母とふたり、感動しっぱなし……。参加してよかった。まだ疲れが取れてないので、弁当を作る気になれず、神戸で買ったパンとサラダ＆いちご。

▶ 2014/04/20

常備菜いろいろ♪

 春

マカロニサラダ、クレソンのおひたしと、切り干し大根のツナわさびマヨ和え、ゴーヤーの薄切り、人参細切り、千切りキャベツ、レンチンなす、ひじきの煮物、ふきと油揚げの煮物、ごぼうとれんこんのきんぴら、たけのこ土佐煮

先週は常備菜がなかったので弁当作りが難儀だった。今週は頑張ってたくさん準備したど〜！

▶ 2014/04/22
まぐろのピカタ

 春

まぐろのピカタ、ゴーヤーチャンプルー、ごぼうとれんこんのきんぴら、ひじき煮

蒸し暑い……。朝出かけた銀行や郵便局もクーラーが効いていた。もう夏本番!?（汗）。毎日ラジオから流れる「Let It Go〜♪」。アナと雪の女王の人気がすごいですね。今日は見切り品だったまぐろの刺身でピカタ。

▶ 2014/05/02
おむすび弁当

春

しそ梅、鮭、チキナーポーク、ちくわきゅうり、いちご

いい〜お天気。ドライブ日和だわ〜。仕事しているのがもったいない……。

▶ 2014/05/22
パプリカ肉巻き

 春

パプリカの豚巻き、ゆで卵、肉じゃが（残り物）、プチトマト

朝起きて空を見たら曇り空……。ぽつぽつと小雨が降り出していた。昨夜、ベランダに干した洗濯物を慌てて家の中へ取り込んだ。やはり梅雨の真っ直中、期待した中休みもそう長くは続かない……。

▶ 2014/06/04
漬け物いなり寿司

 夏

漬け物いなり寿司、ひじき煮、れんこんの塩きんぴら、かじきまぐろの唐揚げ、ブロッコリー

かじきまぐろの切り身が残っていたのでフライパンに多めの油で焼き揚げに。簡単おいなりさんはしば漬け、つぼ漬け、きゅうり漬けを刻んでそれぞれをご飯に混ぜ、週末作っておいた味付け油揚げに詰めただけ〜。

▶ 2014/06/08
週末のbento

オムライス、ウインナー、ミニハンバーグ、ゆでブロッコリー、プチトマト

昨日は残り物のご飯や野菜、ひき肉を炒めたチャーハンを卵で包んだオムライス。ミニハンバーグは、先日の晩ご飯がスタッフド・ピーマンだったときに作り置きしておいたもの。

▶ 2014/07/15
レンジでコーンシュウマイ

コーンシュウマイ、ゆで卵、ピーマンとベーコン炒め、ウインナー、プチトマト

沖縄は梅雨明けしてからもうすでに熱帯夜が続き、寝苦しい……。こう暑いと、朝の弁当作りもなるべく火を使いたくない。今日はレンジでチン♪のコーンシュウマイ。

▶ 2014/07/17
酢鶏♪

酢鶏、きゅうりの浅漬け、なすのおひたし

酢鶏の味付けはタマノイの「酢ぶた」の素を使ってみました。めちゃめちゃ簡単！ しかもなかなかうまい。これ便利〜♪

▶ 2014/08/14
睡魔 ☆ そぼろbento♪

そぼろ、ちくわオクラ

今日は朝から超眠い……。ちょいとお疲れ木曜日は、睡魔との闘いだす。こんなときは、動物のお笑い動画で一服……昼休み、ワロタワロタ。でもスッキリ！

▶ 2014/08/12

ひとりbento

タコライス、梨とキウイ

夫は弁当要らず、娘も息子も今日は友達とランチだそうでひとりbento。蓋に保冷剤が内蔵されていて凍らせて使う、ランチボックス「GEL-COOL」で。見た目サラダですが、下にはちゃんとご飯がありますよぉ。

▶ 2014/09/12

オクラ巻き☆
ゴーヤーが苦手なあなたへ♪

オクラの豚肉巻き、だし巻き卵、筑前煮風、プチトマト

今や全国区の「ゴーヤーチャンプルー」。本場沖縄ではかつおぶしはかけないんだけど!?　と思っていたら……「ゴーヤーとかつおぶしを一緒に食べると苦味を感じなくなる」という研究結果があるらしい！

▶ 2014/09/30

ささみの唐揚げ弁

ささみの唐揚げ、ゆで卵、人参とコーンのしりしり―、ピーマンとベーコン炒め、たこウインナー、プチトマト

先日100円ショップで、卵のゆで具合を色でお知らせしてくれるエッグタイマーを見つけました！　卵と一緒に鍋に入れるだけ。今日は固め半熟にしてみました！

▶ 2014/10/21

のり弁　☆

ちくわ天、白身魚フライ、おかかご飯、おひたし

のり弁って高カロリーなんだよね。ご飯が多いし、揚げ物がのっているから。シンプルだけど、なぜか飽きのこないのり弁、まっ、たまにはいいさ。ねぇ〜。

▶ 2014/10/29
鶏の照り丼

鶏の照り焼き、しめじと小松菜のバターじょうゆ炒め

今朝は関東から西で今季一番の冷え込みになったようで……名古屋や大阪では最低気温が一桁台なんですね〜。こちらは蒸し暑くって朝からクーラーつけてますけど？衣替えできるかな〜。

▶ 2014/11/11
プリプリえび入り鶏バーグ

プリプリえび入り鶏バーグ、煮卵、枝豆のベーコン炒め、ひじきの煮物、ゆでブロッコリー、梅干しご飯

先週あたりからスーパーではポッキー＆プリッツのいろ〜んな種類が並んでいました。今日は「ポッキー＆プリッツの日」！私は「プリッツサラダ」が好き〜！

▶ 2014/11/21
たらのピカタと肉じゃが弁

たらのピカタ、肉じゃが、しいたけの甘煮、クレソンのおひたし、玄米ご飯と梅干し

今日も最高26℃と夏日。沖縄の季節は「春夏夏秋」です。そんな気候なので、きれいな紅葉も楽しめない。今晩はお鍋にして、もみじ型の人参を散りばめてみました（笑）。

▶ 2014/11/27
お疲れ木曜　豚ピー弁♪

豚肉ピーマン炒め、ゆで卵、プチトマト

お疲れ木曜の手抜きbento。年末になるとなんかせわしい。道も混むのよね〜。仕事が終わって買い物して家に帰るともう19時半を回っていた。

▶ 2014/11/28

鮭弁

鮭のグリル焼き、鶏つくね、レンチンかぼちゃ、しいたけの煮物、ひじきと大豆の煮物、ゆでブロッコリー、梅干しご飯

気になっていた職場近くの和食屋さんへ行ってみたら、チケットが必要と言われ、結局、お昼にありつけないまま事務所に戻るというかなりリアルな夢を見た。時計を見ると朝4時、お腹がグーグー鳴っていた (笑)。

▶ 2014/12/03

青じそチーズ巻き

青じそチーズ巻き、ひじきの煮物＆花人参の煮物、豆もやしとピーマンのベーコン炒め、梅干しご飯

日本各地、寒そうですね。4月から沖縄を離れた息子がいる京都も、週末は雪の予報。もし降ったら、沖縄育ちの息子が生まれて初めて見る雪になります。

▶ 2014/12/12

青春時代のクリスマスソング
☆ bento

ハンバーグ、ゆで卵、パプリカとなすとピリ辛ソーセージ炒め、梅干しご飯

クリスマスが近づくと耳にするワムの名曲「LastChristmas」！ この曲がリリースされたのは1984年よ！ 30年前？ ううう〜懐かしい青春時代……。

▶ お弁当での失敗談　**EPISODE 2**

子供が小さい頃、苦手なキャラ弁に挑戦したことがあります。帰ってきた子供がひとこと「普通のお弁当がいい！」……気持ちが楽になりました (笑)。

こちらは最近。「ウインナーちくわかたつむり」クックパッドの青空レモンさんを参考に。

03 ねこさん
NECO

お弁当作りを開始する時間	お弁当作りにかかる時間
7時頃（夕食後に下ごしらえを20～30分程度）	**45分くらい**（夜20～30分、朝も20～30分）

▶「ごはんメモ」 http://necogohan365.blog.fc2.com/

朝も昼も夜も食べ物のことだけ考えて生きてます。

32歳、東京の下町在住で、お弁当歴は10年程度。仕事をしているので、自分と夫のお弁当を毎朝作って出勤しています。朝にめっぽう弱いため、夜のうちにできるだけ下ごしらえしています。おかずがなにより大好きで、どんどん詰めていたらご飯が少ないお弁当になってしまいました。好きなおかずは味のしみた煮物と鶏の唐揚げと半熟卵です。

▶ お弁当へのこだわり
毎回少量ずつお弁当用におかずを作り、冷凍食品や残り物は入れない。

▶ お弁当のメニューを決める方法
夕食と似たような味付けは避けて、なるべく冷めてもおいしいおかずを作る。

▶ 2014/04/02 | さばの竜田揚げ弁当

春

さばの竜田揚げ、はちみつ卵焼き、れんこん唐揚げ、水菜のおひたし、ミニトマト、梅干し、ご飯

早起きしたので、元気にお弁当を作りました。朝からいいきぶん、んふふ。竜田揚げと卵焼きと、おひたしと、とってもバランスがよくいいお弁当でした。おいしかった。会社の近くで桜を見ながら食べましたよ。

▶ 2014/04/04　あなごめし弁当

あなごめし、チーズかまぼこの天ぷら、卵焼き、小松菜おかか和え、トマト、かぶの梅酢漬け

切りあなごをご飯にのせました。香ばしさが足りなかったので、バーナーで炙ればよかったなと、食べながら思いました。父からもらったバーナー、最初は怖くてしかたなかったけれど最近は手馴れて何でも炙っております。超いいですよ、炙るの。かぶの梅酢漬けがまた、こめかみが痛くなるほどの酸味で。ははは。こりゃ強烈だわ。

▶ 2014/04/10
タンドリーチキンと
半熟卵弁当

タンドリーチキン、半熟卵、キャベツのクミンサラダ、冷凍えびシュウマイ、トマト、ご飯

思いのほかタンドリーチキンが縮み、スペースがスカスカになってしまいました。急きょ卵をひとりひとつにし、それでもスペースが埋まらないので、冷凍えびシュウマイを詰めました。ああ、助かった……。

▶ 2014/04/24
いわしのかば焼き弁当

いわしのかば焼き丼

ご飯の上に錦糸卵、その上にいわしのかば焼きをのせて、しそをあしらってみました。質素ながらも、わりとおいしい。こめかみの痛くなるほどすっぱいかぶの漬け物も、かば焼きの甘さとよく合います。なかなかよいぞ。

▶ 2014/05/03　ゴーヤーチャンプルー弁当

春

ゴーヤーチャンプルー、ほたてのバターしょうゆ焼き、大根の梅和え、ご飯とかぶの梅酢漬け、ご飯

沖縄の友人からゴーヤーが届いたので、急きょゴーヤーチャンプルーにしました。時間がなくて塩でもんだり水にさらしたりできなかったのですが、お昼に食べてびっくり！ものすごいおいしい！ほどよい苦味と、なんだかほんのり甘みがあるような。やっぱり沖縄のゴーヤーは違うのね!!!

▶ 2014/05/08　チキン南蛮弁当

春

チキン南蛮、うずらの卵、トマト、ひじきの煮物、オクラのおかか和え、もち麦ご飯

久しぶりに、チキン南蛮にしてみました。とてもおいしい。自画自賛。タルタルもうずらも卵なので、コレステロールが半端ない感じですが。どこかのテレビで卵は1日5、6個食べても大丈夫だと言っていた気がするので大丈夫でしょう。おそらく。

▶ 2014/05/20
簡単チャーシュー弁当

簡単チャーシュー、こんにゃくのおかか煮、たけのこの磯辺揚げ、小松菜おひたし、ゆで卵、ご飯

みんなのきょうの料理webのレシピから、簡単チャーシューを作りました。つけておいて焼くだけなのにとても美味。あとたけのこを麺つゆで煮てから磯辺揚にしました。こりゃなかなかよいわー。

▶ 2014/05/26
チンジャオロース弁当

チンジャオロース、焼き空豆、トマたま炒め、ご飯

チンジャオロースが好きですよ。ピーマンたくさん食べられるし。おいしいし。

▶ 2014/05/28
卵サンド弁当

卵サンド、ミニトマト

食べたいものが、特に思い浮かばず。昨日夫が買ってきてくれたサンドイッチがとてもおいしかったのでお弁当もサンドイッチにしました。やっぱり早く起きるとゆとりがあっていいのかも。今日も早く寝よう……。

▶ 2014/05/30
いかの唐揚げ弁当

いかの唐揚げ、はちみつ卵焼き、れんこんとえびのかぼすこしょうマヨネーズ、ほうれん草ときのこのソテー、ご飯

最近小さいいかがやたらと安いのですが。なんでだろう。見つけるたびに買ってたら、いかのストックが半端ない感じです。

▶ 2014/06/02　かつサンド弁当

かつサンド、ポテトサラダ、トマト、グレープフルーツ

かつサンドが食べたいと所望されたので、作ってみました。ウスターソースと中濃ソースとお好み焼きソースを混ぜて揚げたとんかつに塗ってみたら、まあおいしい。意外とおいしくできてびっくりです。

▶ 2014/06/23　オクラフライ弁当

オクラフライ、卵焼き、ゴーヤーとツナの炒め物、卵とひじきのポン酢和え、ご飯

オクラに豚肉を巻いてフライにしたものが、意外とおいしくできました。今日はなかなかよくできたー。
夫のお母さんから梅を送っていただきました。今年も夫が梅仕事です。私は塩とか、買い物担当です。ははは。部屋中甘い香りがしていて、すごく癒されます。あーいい匂い！　しあわせー！

▶ 2014/07/10
豚の竜田揚げ弁当

豚の竜田揚げ、甘い卵焼き、なすとピーマンの揚げびたし、長芋の梅和え、みょうがの甘酢漬け、ご飯

竜田揚げのオイニーがプンプンで……。満員電車で、とにかくオイニーが……。恥ずかしいくらい匂ってました。にんにくってすごいのですね。おいしいけどね。

▶ 2014/08/01
豆腐入りひじきつくね弁当

豆腐入りひじきつくね、アスパラとしめじのソテー、ゆで卵、トマト、しそご飯

ハンバーグとかつくねとか、豆腐を入れるのがブームなのです。しっとりするような、なんか落ち着くような。なんとなく、ご飯の上にあれこれのっけてみました。食べづらいわー。

▶ 2014/08/21
健康煮物弁当

煮物、焼きなす、ほうれん草のナムル、菊のおひたし、味付け卵、雑穀ご飯

ものすごい健康になりそうな感じになってしまいました。筑前煮にしたかったのですが、れんこんを切らしてまして。代わりに里芋を入れております。味がしみてておいしいので、お弁当によいですなー。味付け卵も味がしみててよかったわー。

▶ 2014/09/04
照り焼き豆腐ハンバーグ弁当

照り焼き豆腐ハンバーグ、マカロニサラダ、かぼちゃの素揚げ、ピーマン塩昆布和え、トマト、漬け物、ご飯

豆腐ハンバーグが驚きのおいしさでした。食べた瞬間、料理漫画の金字塔「ミスター味っ子」の味皇のように口から光線が出るくらい。しかし、たぶん同じものはもう作れまい…。なぜなら適当に作ったから…。

▶ 2014/09/09　│　ミラノ風ドリア風弁当

ミラノ風ドリア風、焼きとうもろこし、ゴーヤーツナサラダ、ミニトマト

ミートソースとホワイトソース、バターライスがあるじゃないか。こりゃーミラノ風ドリアしかないじゃあないか。あの有名なミラノ風ドリアはサフランライスっぽいのですが、まあそこは、気にせず、バターライスでぱぱっと作りました。忙しすぎて、温めもせずわしわしかきこむように食べましたが、おいしかったです、とてもとても。

▶ 2014/09/30　│　豚ロースしょうが焼き弁当

豚ロースしょうが焼き、大学芋、だし巻き卵、ほうれん草とえのきのおひたし、ご飯

仕事でも家でも忙しいのです。夜にお弁当の用意をすることが難しいので、朝早めに起きて、下ごしらえゼロから作りました。しばらくそんな感じになりそうで、うーん。でも、楽しいからいいかなー。久々になかなかグッドルッキングBENTOですな。わりと好きです、この感じ。豚は解凍して焼くだけのやつを使ったのですが、あんまりおいしくなかったので、すだちを絞ってフレッシュに食べました。すだちすごいなー。なんでもおいしくなるなー。

▶ 2014/10/04
麻婆なす弁当

▶ 2014/11/07
えのきロール黒酢豚弁当

麻婆なす、ゆかりと青のりの卵焼き、いんげんのごま和え、ちくわ天、みょうがの甘酢漬け、ご飯

このお弁当、久々に何を食べても最高においしいという、すばらしい出来でした。甘さと辛さと酸味のバランスが絶妙すぎて！　こりゃーいい弁当ができたわい！　がはははは！　と、下品に笑いながら食べました。

えのきロール黒酢豚、焼きとうもろこし、しめじとほうれん草のおひたし、しらたきとたらこの炒め物、昆布とご飯

豚ロース薄切りで小さく切ったえのきを巻きこみ、酢豚にしました。えのきのうまみのおかげか、とてもおいしかったです。やっぱりお弁当はおいしいなーと、しみじみ食べました。

▶ 2014/12/06
下仁田ねぎと
東京Xのバルサミコ酢豚弁当

▶ 2014/12/18
せせりとエリンギの
うま塩炒め弁当

下仁田ねぎと東京Xのバルサミコ酢豚、赤かぶツナサラダ、春菊とじゃこの塩昆布サラダ、味付け卵、ご飯

魅惑のブランド豚「東京X」を厚切りにして酢豚にしました。下仁田ねぎとエリンギ入り。黒酢の代わりにバルサミコ酢で。こくがあってなかなか美味です。東京Xも脂の甘みと肉のうまみがなかなかおいしいです。

せせり（鶏の首の部分の肉）とエリンギのうま塩炒め、紅しょうがと青のりの卵焼き、人参明太子炒め、小松菜のナムル、昆布ご飯

さむいさむい。最近夜は10時くらいに寝たいし、朝は起きたくない。うま塩炒めの「うま」の部分は、顆粒の鶏がらスープの素です。塩こしょうだけでもおいしいんだろうけど、なんとなく。

04 haCoさん
HACO

お弁当作りを開始する時間	お弁当作りにかかる時間
毎朝7時ぐらいから	30〜45分ぐらい

▶「ハコ弁」 http://ameblo.jp/hacobento/

東京で働くOL。外食に飽きていた頃、偶然立ち寄った本屋で弁当本を目にし「これなら私にもできるかしら？」と翌日からお弁当作り開始して3年目。彩りや盛り付けにこだわったお弁当をカメラマンのつもりで撮影。　おかげで早寝早起きに！　気づかないうちにダイエット！　いいことばかりのライフワーク。これからも続けていきたいです。

蓋を開けたときニコッとできるように！

▶ お弁当へのこだわり
デスク弁当ですが、手ぬぐいや風呂敷をランチョンマットに。リセットした状態で食べています。

▶ お弁当のメニューを決める方法
夕食のリメイクや常備菜など。

▶ 2014/10/27　チキンマスタード焼きでカフェ弁

チキンマスタード焼き

ブログタイトルのハコ弁は自分のあだ名（ハコ）から取ったものです。今日はチキンマスタード焼きをメインに、カフェのメニューのようなお弁当を作りました(^-^)/

▶ 2014/10/29
鶏の照り焼き弁当

鶏の照り焼き、ふきの煮物、ひじきと豆の煮物

鶏肉大好きなんです、私。今日は作り置きのおかずを詰めて完成です。手抜きで簡単 (笑)。鶏の照り焼きはしょうがを利かせて。冷めてもしょうが効果で身体が温まりますよ〜。

▶ 2014/11/01
ぶり大根弁当

ぶり大根、卵焼き、煮豆、梅干しご飯

昨夜は薄味でさらっとしたぶり大根を作りました。普段は濃口しょうゆを使ってぶり大根を作るのですが、ぶりの脂がのっていなかったので。煮豆は常備菜です。はちみつ入り卵焼きはおすすめですよ〜。

▶ 2014/11/05
手作りミートボール弁当

ミートボール、ブロッコリーレモン和え、ほうれん草バター、コンソメ味の半熟卵 (コンソメスープの中に一日放置)

牛豚ひき肉を使ってミートボールを作りました。ミートボール大好き!!! つなぎの野菜は玉ねぎとキャベツを使い、黒こしょうをピリッと利かせて揚げ焼きし、最後にケチャップと中濃ソースをからめてあります。

▶ 2014/11/07
ミートボールとえびタルタルのドックサンド弁当

ミートボールドック、えびタルタルドック

作り置きのミートボールと昨夜のえびサラダを流用です。ゆで卵と自家製ピクルスをマヨで和えてタルタルにして、パン (12cmぐらいのドック用のパン) に挟んで、えびとゆで卵をトッピング。

▶ 2014/11/12 | 煮物弁当

いかと里芋の煮物、かぶのしょうが焼き、ゆでうずら、漬け物と梅干しご飯

今日は作り置きの食材を詰めて。母の実家（島根県出雲市）より里芋が届きました。スーパーなどのものと違って、煮ても焼いても型崩れしないし、ねっとりとして食べ応えがあります。

▶ 2014/11/13 | 焼きさば弁当

焼きさば大根おろしのせ、ゆでうずら、春菊、梅干し

さばはシンプルに塩焼きです。ご飯とさばの間に春菊を引いてます。今日の手ぬぐいは日本橋のアンテナショップ「奈良まほろば館」で購入したものです。

▶ 2014/11/20　鶏の竜田揚げ弁当

鶏の竜田揚げ、かぶとパプリカ焼き、大根の煮物、うずらの煮卵、ハートきゅうり、プチトマト、山椒おにぎり

かわいいハート型きゅうり。なんでも、ハート型に入れて育てるそうです。おにぎりのお花は丸美屋の「梅ごましお」のお花チップ。

▶ 2014/11/26　シュウマイ弁当

シュウマイ（買ってきたもの）、トマトキッシュ、かぶ炒め、雑穀ご飯

前日に作っておいたものをドサドサと。作り置きすると、忙しい朝がゆっくり朝に変わりますよ〜。と手抜きを肯定（笑）。

▶ 2014/11/27　おでん弁当

おでん（卵・ちくわ・大根・こんにゃく・厚揚げ・つみれ）、春菊・えのき・ハムの和風サラダ（しょうゆ味）、梅干しごまご飯

寒くなる＆少し忙しくなるを見越して火曜日からおでんを仕込んでいました。そして、お弁当に流用です。本当はフードポットを使いたかったのですが、ゴムパッキンがなく、探している時間もなくてこちらに投入。探さないと。

▶ 2014/11/29　牛肉のシークワーサー焼き弁当

牛肉シークワーサー焼き、里芋と人参のバター煮、梅干しご飯

里芋と人参のバター煮。グリーンピースを飾るだけでかわいく見えませんか？　牛肉シークワーサー焼きには青ねぎをトッピング。シークワーサーの香りがいいんですよ〜。

▶ 2014/11/30
北斎弁当（歌舞伎）

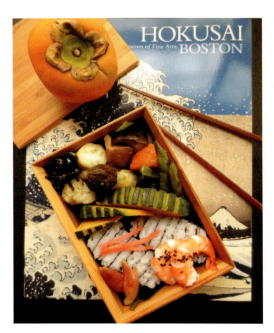

根菜煮物、焼きなすおひたし、蒸しかぼちゃ、昆布佃煮、えび、みょうが漬け、酢飯のりご飯

北斎展を見に行った記念弁当。浮世絵に描かれた歌舞伎役者をイメージして作ってみました。今度は『富嶽三十六景』の「神奈川沖浪裏」を作ってみたいです。

▶ 2014/12/01
のり鮭弁当

のり鮭ご飯、卵だけ焼き、ブロッコリー、プチトマト

いつもなら寝る前に明日のお弁当のメニューをぼんやりと考えるのですが……今日はびっくりノープラン。冷蔵庫のものでなんとかまとまったかな。「卵だけ焼き」(調味料なし)、ブロッコリーは前日にゆでて置いたもの。

▶ 2014/12/02
うるめ弁当

うるめいわし、きゅうり、小梅

母の実家が島根県なので、物産展があるとついつい買ってしまいます。小魚の手ぬぐいで合わせました。

▶ 2014/12/04
あこう鯛のみそ焼き弁当

あこう鯛みそ焼き、卵だけ焼き、きんぴら、しょうがじょうゆ漬け、梅干しご飯

適当に調合したみそであこう鯛を漬けました。クッキングシートで焼いたのですが、焦げましたねぇ〜。残念。卵だけ焼きがおいしいよ。他のおかずの味が濃いので調整。今日は和風でまとめました。

▶ 2014/12/05
ポークしょうが焼き弁当

ポークしょうが焼き、プチトマト、福神漬け

少し厚めの豚肉をりんごとしょうがに漬けてからさっと焼きました。りんごってお肉を柔らかくしますよね〜。すごい！ 勢いでシークワーサーも。ご飯にのっけ盛りって簡単で素敵だわぁ〜。グリーンピースをデコって。

▶ 2014/12/10 鶏の照り焼きどまんなか弁当

鶏の照り焼き、粉ふき芋、たこときゅうりのゆずサラダ、お花人参、れんこんきんぴら、きのこご飯

この時期は忘年会などお付き合いが多いので作り置きがとっても便利。久しぶりに作った粉ふき芋、懐かしい味。飽きたらマヨネーズで味を変えるべし。れんこんもきんぴらにしておくと1週間ぐらいは問題ないでしょ。

▶ 2014/12/20
えびチャーハン弁当

えびチャーハン、春菊と紅大根サラダ

えび好きなので5尾投入。サラダはシークワーサーを絞っていただきます。さっぱりとしていいかな〜と。さて、今日も元気に行って来ます〜。

▶ 2014/12/24 唐揚げ弁当

唐揚げ、ゆでえび、ピーマンきのこ炒め、ブロッコリー、れんこんチップ、お花ふりかけご飯

今日はクリスマスイブですねぇ〜。何も考えずに作ったからクリスマス感ゼロ。うっかりしてました。お花ふりかけが華やかにしてくれてます。今夜はちょっとおいしいシャンパンを買って帰ろうと思います。

▶ 2014/12/25
鮭弁

焼き鮭、ゆで卵、サラダビーンズ、ラディッシュボンボン、きゅうりのキューちゃん、のりご飯

いち早く正月風になってしまった。昨日は飲みすぎ（二日酔いはないけど）、飲んだ次の日は早起きなのです……なぜかしら〜。ラディッシュは飾り切りに（ひまね〜私）。ご飯には黒帯を(・∀・)　お弁当道の黒帯目指します。

▶ お弁当での失敗談　EPISODE 3

炊飯器のスイッチを忘れてご飯が炊けていなかった（笑）。過去に10回以上やっています。

05 ミドリさん
MIDORI

お弁当作りを開始する時間	お弁当作りにかかる時間
7時	15分ぐらい

▶「ひとりぼっちランチ」 http://bentomid.exblog.jp/

美しく詰めたお弁当でひとりランチも楽しく。

40代秘書です。東京で愛猫とひとり暮らし。お弁当はデスクでひとり黙々と食べるのみなので、気分が晴れるように詰め方にも気をつけて作っています。ご飯はまとめて炊いて150gずつ小分け冷凍、卵焼きや副菜は前日夜までに作り置き、朝はメインの一品を作るだけです。

▶ お弁当へのこだわり
節約と健康と彩りを意識しつつ、野菜たっぷり、オイル少なめ、薄味を心がけています。

▶ お弁当のメニューを決める方法
食材をスマホにメモし、そのリストを見ながら、色でメニューを組み立てます。白、黄、緑、赤、黒の5色揃うのが理想です。

▶ 2014/01/03 | おいなりさん弁当

おいなりさん、だし巻き卵、切り干し大根煮、ほうれん草ごま和え、しめじのゆずこしょう和え、手綱こんにゃく

今日は実家の父への差し入れ弁当です。塩分とカロリーを減らして、野菜をたっぷり。おいなりさんには桜をのっけて彩りを演出。といっても季節はずれだし、オッサンには彩りなんてどうでもいいかもしれないけど。

▶ 2014/01/05
小えびといかの中華炒め弁当

小えびといかと白菜の中華炒め、卵焼き、551シュウマイ、切り干し大根煮、ブロッコリーとカリフラワーの粒マスタード和え、花型人参ピクルス

今日も父への差し入れ弁当。白菜の芯を蒸し焼きにし、冷凍食材のえびといか、白菜の葉を加え、顆粒鶏ガラスープのもとで味付けし、ごま油をチョロリ。とろみをつけたほうがよかったかも。

▶ 2014/01/17
バジルパスタ弁当

バジルパスタ、ゆで卵、しめじとブロッコリーのコンソメ

コンキリエ（貝の形のパスタ）をゆでて、バジルソースを和えて、昨日の残りのゆで卵をトッピング。冷凍してあるパセリのみじん切りを散らして黒こしょうをガリガリッと。

▶ 2014/01/16
長芋と豚小間炒め弁当

長芋と豚小間のしょうが焼き、ゆで卵、人参きんぴら、赤＆緑ピーマンのごま和え

普段ならゆで卵は半分にカットして断面を見せますが、カラをむいたところフニャフニャで、カットしたら黄身をまないたに食べられてしまう！　と思ってそのまま詰めました。

▶ 2014/01/28
鮭と菜の花のちらし丼弁当

鮭、菜の花、卵焼きのちらし丼、のりチーズ、なすのピリ辛みそ炒め、大根煮

玄米ご飯の上に、粗くほぐした鮭、菜の花のマスタード和え、卵焼きをのせ、ごまを散らしました。そぼろ丼より具材が大きいので食べやすいです。

▶ 2014/02/07　豆カレー弁当

豆カレー、温野菜

牛すね肉の赤ワイン煮を作ったときの香味野菜くずをフープロでガー、サイコロ人参と、大豆の水煮を加えて煮て、ハウスプライムジャワカレーを加えるだけ。手抜きカレーだけど、肉のうまみがたっぷり入って、まろやかでおいしいです。

▶ 2014/02/12　大豆ミートの甘酢あん弁当

大豆ミートの甘酢あん、青のり入りだし巻き卵、芽キャベツ粒マスタード添え、かぼちゃ煮

ブロックタイプの大豆ミートをメインに。大豆ミートはお湯で戻して水気を切ってから味付けするのがオーソドックスな調理法ですが、私は鶏ガラスープやコンソメスープで煮てそのまま調理しています。今日はごま油、みりん、しょうゆ、酢、おろししょうが、砂糖のたれに片栗粉でとろみをつけた甘酢あんをからめました。かぼちゃ煮が甘いので、卵焼きは甘くない出汁巻きに。

▶ 2014/03/10
天ぷら弁当

人参の天ぷら、ちくわの磯辺揚げ、卵焼き、菜の花のわさびマヨ和え

昨日の夕飯で作った天ぷらをそのままお弁当に。短冊人参だけのかきあげと、ちくわの磯辺揚げ。季節感ゼロですが、これが大好物なのです。

▶ 2014/04/16
しょうが玄米サラダご飯弁当

きゅうりと卵の玄米混ぜご飯、きんぴら、小松菜塩炒め、海苔チーズ

さっぱり味の混ぜご飯。塩してしっかり絞ったきゅうりと、甘〜いレンチン炒り卵とおろししょうがを玄米ご飯に混ぜ、炒りごまをたっぷり。しっかり冷ましてからお弁当箱へ。

▶ 2014/06/23
牛しぐれ煮弁当

牛しぐれ煮、卵焼き、ズッキーニソテー、ほうれん草おひたし、ブロッコリー

ひっさびさに牛肉♪　しょうがたっぷりのしぐれ煮なら安いアメリカ産でOK☆　青物3品は作り置きの常備菜から。

▶ 2014/07/15
おにぎり弁当

おにぎり（鮭そぼろ、しそ、ごま）、卵焼き、ズッキーニソテー、きのこのピリ辛マヨ炒め、海苔チーズ

瓶詰めの鮭そぼろとしそと炒りごまの混ぜご飯でおにぎり。この組み合わせ大好きなのです。海苔チーズは、スライスチーズを室温に戻して同じサイズの海苔で巻き、断面を見せるため斜めにカット。隙間埋めにしょっちゅう登場します。

▶ 2014/08/22　皿うどん弁当

夏

皿うどん（シーフードミックス、きくらげ、うずら卵、ゴーヤ、人参）

金曜日は作り置きの常備菜も尽き、手抜き弁当が多くなります。キャベツも白菜もなくてゴーヤ。皿うどんにゴーヤって変かな。私としてはきくらげとうずら卵さえ入っていれば文句ないです。あんの入った器だけ食べるときにレンチンして、麺にかけて食べます。皿うどんってパリパリの麺があんでしんなりしたところがまたおいしい♪

▶ 2014/09/04　塩鯖弁当

秋

塩鯖、ゆで卵、きんぴらごぼう、青梗菜とまいたけの塩炒め

きんぴらのごぼうと人参はカット野菜を使ってみた。便利ですねぇ。焼き魚のお弁当は、魚焼きグリルに入れるだけなので手軽。でも鯖っていっつも詰め方に迷うのです。どっちを上にするべき?!

▶ 2014/09/17
めかじきのしょうが焼き弁当 秋

めかじきのしょうが焼き、ゆで卵、小松菜のゆずこしょう和え、れんこんと人参の煮物

めかじきは軽く小麦粉をはたいて、フライパンでソテーし、しょうが、みりん、しょうゆのたれをからめます。煮物も入って心が落ち着く感じの和弁当になりました。

▶ 2014/09/22
鮭と野菜の焼きびたし弁当 秋

鮭と野菜の焼きびたし、卵焼き、紅しょうが

グリルで焼いた鮭、なす、ピーマンを、だし、みりん、しょうゆのつゆに一晩浸した焼きびたし。朝は詰めるだけなので楽ちん。

▶ 2014/09/30
ジョンソンヴィル様弁当 秋

ジョンソンヴィル、卵焼き、ズッキーニソテー、人参サラダ

超テキトーなお弁当ですが、一本100円以上するジョンソンヴィル様が入っているだけで輝いて見える☆ 人参サラダは、スライサーで細切りにして、塩して酢で和え、マヨちょっぴり。冷凍庫に常備しているパセリをトッピング。

▶ 2014/10/02
ししとう肉巻き弁当 秋

ししとう肉巻き＆ししとう炒め、うずら卵、人参サラダ

ししとうに薄切り肉を巻いて、巻き終わりを下にして焼きます。肉の色が変わるまでいじらずに置くと、肉が縮んでくっつくので、巻きがほどけません。塩とみりんとしょうゆと、仕上げに片栗粉でとろみ付け。

▶ 2014/10/03　焼きうどん弁当

焼きうどん、味たま、岩下の新しょうが

金曜日恒例の手抜き、一品弁当。まいたけと魚肉ソーセージとししとうを入れた焼きうどん。味玉を漬けこんだだし醤油で味付けし、炒りごまをぱらり。焼きうどんはしょうゆ味派です。

▶ 2014/11/06　鶏とれんこんのバルサミコ酢炒め

鶏とれんこんのバルサミコ酢炒め、卵焼き、人参サラダ、いんげんごま和え

鶏を炒めて火が通ったら、水煮れんこんを加え、バルサミコ酢、しょうゆ、みりん。味見をしたら酸味が強かったので砂糖も少し。仕上げにごまをぱらり。バルサミコ酢ってしょうゆと合わせて和風にするとめっちゃご飯に合いますね。

▶ 2014/11/12
しょうが焼きのっけ弁当

しょうが焼き、ゆで卵、紅しょうが

豚小間は前夜からみりんとしょうがのたれに漬け込んで置きます。しめじも入れて、しょうゆたらして、とろみつけて。彩りで生のピーマンと炒りごまパラリ。ガッツリなのっけ弁当です。

▶ 2014/12/02
鶏もものゆずグリル弁当

鶏もものゆずグリル、卵焼き、ししとうグリル、つきこんにゃくのきんぴら

ゆず果汁に一晩漬けた鶏ももをグリル。味付けは塩。おろしたゆず皮と塩と一味を混ぜたテキトー自家製ゆずこしょうをトッピング。

▶ 2014/12/16
さばのみりん干し弁当

さばのみりん干し、ゆで卵、ピーマンごま和え、しめじのピリ辛、人参サラダ

野菜たっぷりの和弁当が落ち着くお年頃なのです。ピーマンは生のまま、塩、しょうゆ、ごま油、みりんで和えただけ。しめじは豆板醤で炒めた激辛味。

▶ お弁当での失敗談　　EPISODE 4

じっくり丁寧に焼いた金目鯛。んーおいしそう♪　とグリルからお弁当箱へ移そうとしたら……床に落としてしまいました！　仕方なく、メインのおかずなし、ふりかけたっぷりで持って行きました。

06 海野夏維さん
UMINO KAI

お弁当作りを開始する時間	お弁当作りにかかる時間
お弁当の内容によって 6時半頃だったり、7時すぎだったり。	25分前後（簡単手抜き系のとき） 50分前後（揚げ物のとき）

▶「おべんとうの書。」 http://obentonosho.blog56.fc2.com/

ランチが楽しみになる食欲優先弁当☆

超弱小デザイン関連会社に勤務しつつ、毎朝「自分の自分による自分ひとりのための食欲優先なお弁当」を作っている、ゲームと2次元とげっ歯類をこよなく愛するオタク女です。関東の片隅でひっそりと生息しています。

▶ お弁当へのこだわり
午前中の仕事のテンションが上がるような、ランチタイムが楽しみになるお弁当をなるべく心がけています。

▶ お弁当のメニューを決める方法
食欲の赴くままに。ただし、お財布＆お弁当箱と相談しながら。

▶ 2014/02/04　炊飯器どて焼き弁当

炊飯器どて焼き、半熟ゆで卵、かぶのみそ汁、キウイ、とちおとめ、ネーブルオレンジ

お肉屋さんで牛すじを100g100円でGETできたのでどて焼きにしてみた！　今日は朝から肉食獣的にシアワセだった……。not肉食系女子。yes肉食獣（笑）。炊飯器どて焼きのポイントはザラメ＆沖縄黒糖。砂糖よりも味に深みが出て、こっくりおいしい。沖縄黒糖は波照間産。あー。沖縄行きてぇ。

▶ 2014/03/07　合鴨とアボカドのサンド弁当

合鴨とアボカドのサンド、コーンスープ、グレープフルーツ（ホワイト&ルビー）

金曜ともなるとお弁当作る気力がほぼゼロ。しかし、仕事のテンションは下げたくないので好物の合鴨スモークでサンドイッチ弁当にしてみた。その日のランチの内容で仕事への気合いが変わるよ！　アボカド&プチトマトのサラダを合鴨スモークの下敷きに。スープは、みじん切り玉ねぎをバターで炒めて、クリームコーン缶、牛乳、コンソメでコーンスープ完成。玉ねぎ&バターが加わるだけでおいしさレベルが段違い。

▶ 2014/04/21　ふきみそむすび弁当

ふきみそむすび、鶏手羽先の黒酢焼き、塩ゆでアスパラ&人参、ゆで卵、プチトマト、自家製わかめスープ

週末に友人SちゃんからふきのとうをGET！　ありがたやーありがたやー。おみそと一緒に甘辛く炒めてふきみそを作ってみた。外側の固い皮や汚れを削除。あとは細かくカットして、みそ、日本酒、砂糖と一緒に炒めればほろ苦甘辛なふきのとうみその完成。ご飯がいくらでも食べられるねー。危険。鶏手羽先を一番おいしくいただく調理法って黒酢焼きじゃないかな……と、わりと真剣に思っていたり。

▶ 2014/05/22 鶏レバーの唐揚げ黒酢香味ソース弁当

鶏レバーの唐揚げ黒酢香味ソース、おむすび(じゃこの佃煮・子持ち昆布佃煮)、なすと天かすのみそ汁

おいしそうな北海道産鶏レバー100g39円を唐揚げに。唐揚げの衣は奥様系雑誌に掲載されていた五十嵐美幸シェフレシピ。小麦粉、片栗粉、ベーキングパウダー、水、植物油。怖いくらいにサックサク。うめぇ。さすがミユキちゃん。レバーは血抜きをしたあと、しょうゆ、日本酒、おろししょうが(大量)、おろしにんにく(少量)に一晩漬けておいたモノ。ソースは長ねぎ、万能ねぎ、とうがらし、みじん切りしょうが&にんにく、黒酢、しょうゆ、三温糖を混ぜれば完成。

▶ 2014/06/10 鮭のマヨ明太焼き弁当

鮭のマヨ明太焼き、卵焼き、人参のごま和え、オクラのおひたし、プチトマト、塩えんどうご飯、いちごヨーグルト

妹chanの福岡土産、福さ屋の明太子。そろそろ賞味期限的にやっつけないといけないので魚と一緒に焼いて、お弁当のおかずに。鮭のマヨ明太焼きは、お刺身用サーモン柵の全体に塩をうっすらとふりかけて、クッキングペーパーに包んで一晩冷蔵庫。朝、テケトーなサイズにカットしてトースターで5分。明太子を混ぜたマヨネーズを塗ってさらにトースターで5分焼けば完成。簡単ウマー。

▶ 2014/06/18

タンドリーポークサンド弁当 夏

タンドリーポークサンド、野菜ジュース、アンデスメロン＆みかん

ド田舎な今の職場になってから何年も食べていないサブウェイのサンドイッチを思い出しつつ作成。タンドリーポークは、豚赤身肉を使用。野菜はレタス、ピーマン、新玉ねぎ、ピクルス。

▶ 2014/07/04

鶏と大根の黒酢煮弁当 夏

鶏と大根の黒酢煮、小松菜むすび、淡路島コーヒー

鶏手羽中、大根、人参、しょうが、にんにく、黒酢、麺つゆ、ザラメ、日本酒を就寝前に炊飯器にぶっ込んで調理ボタンをポン。朝起きると、そこにはしっかり味のしみた黒酢煮が！ とりあえず炊飯器サマに丸投げしておけばなんとかなるよ！

▶ 2014/07/22

えびの
トムヤンクンピラフ弁当 夏

えびのトムヤンクンピラフ、広東風かにと貝柱のスープ（レトルト）、アロエヨーグルト

トムヤンクンペーストの瓶詰めをカルディで購入。積極的に使っていかないと完全消費に5〜6年はかかりそうなのでピラフに使ってみた。ピラフの具材は下処理したえび、エリンギ、ピーマン、パプリカ（赤・黄）。

▶ 2014/07/28

ケンミンの
香港風炒めビーフン 夏

ケンミンの香港風炒めビーフン、カルディのパンダ杏仁

「香港風炒めビーフン」というより「香港風えび入り肉野菜炒め」のほうがしっくりくる具材のバランス。お昼はお酢を少しかけていただく予定。

▶ 2014/08/21　冷やしたぬき風そばいなり弁当

冷やしたぬき風そばいなり、小松菜と人参のナムル、幸水梨

本日はきつねでたぬきなお弁当。おそばの味付けは麺つゆ＋寿司酢＋白ごま。トッピングは冷やしたぬきそばの王道でいか粒入り天かす＋わかめ＋ねぎ＋紅しょうが。会社ではもちろん冷蔵庫保管ナリ。

▶ 2014/09/19　野菜天むす4種弁当

野菜天むす4種、はちみつ卵焼き、ほうれん草とお揚げのからし和え、いつもの赤いの、はちみつりんごヨーグルト

小さめに握った塩むすびの上に片面にたれをつけた野菜天をのせてのりでグルッとすればウマー。うん。ご飯に塩気がある野菜天丼だよね、コレ。ハズれるワケがないよね。

▶ 2014/10/10

タモさん流しょうが焼きの
おにぎらず弁当

タモさん流しょうが焼きのおにぎらず、小松菜とお揚げのからし和え、トマトのじゃこサラダ

「おにぎらず」、元レシピは料理漫画「クッキングパパ」らしい。これ、パンをご飯にチェンジしたサンドイッチだよね。カット時の難易度が下がるっぽ。さらに通常のおにぎりよりも具だくさん。いいレシピだなー。

▶ 2014/10/28

えびかつのり巻き弁当

えびかつのり巻き（自家製タルタルソース付き）、ブロッコリーの塩昆布和え、はちみつ卵焼き、プチトマト、りんごヨーグルト

特売だった冷凍えびで久しぶりにえびかつを作成。のり巻き弁当にしてみた。お昼ののり巻きにタルタルソースをたっぷりのせていただく予定。

▶ 2014/10/29

えびの揚げ団子入り
カニ粥弁当

えびの揚げ団子入りカニ粥、タアサイのナンプラー炒め、うさりんご

昨日のえびかつの余りタネを素揚げにしてえび団子を作成。カニ缶で作ったお粥のトッピングにしてみたよ！フライドオニオン、今回は自家製。いよー！ 手作りフライドオニオン！ 揚げたて手作りはマジおいしい。

▶ 2014/10/31

りんごと燻製ささみの
サラダ弁当

りんごと燻製ささみのサラダ、サーモンタルタルベーグル、酔わない！ウメッシュミニ缶（250ml）

国産ささみに塩、黒こしょう、砂糖、乾燥ディルをよーくまぶして冷蔵庫で3時間。燻製器「THERMOS 保温燻製器 イージースモーカー」にポン。お手軽燻製、なかなかうまいよ！

▶ 2014/11/17　なすの焼きチーズカレー弁当

なすの焼きチーズカレー、大根とわかめの中華スープ、とちおとめ、オレンジ、キウイ

週末の情報番組で紹介されていた焼きチーズカレーがおいしそうだったのでマネッコしてみた。ベースのキーマカレーは豚ひき肉と大量の人参＆玉ねぎを使用。砂糖不使用なのに野菜パワーで甘い。あとはオリーブオイルで焼いたなす、パプリカ、グリーンピースを追加。ご飯とよく混ぜてお弁当箱に詰めたらさらにキーマカレー、卵、チーズをドン！　仕上げにトースターでチーズがこんがりキツネ色になるまで焼けばウマーなお弁当が完成。

▶ 2014/11/21　じゃがいものピザ弁当

じゃがいものピザ、かぼちゃポタージュ、にっこり梨

本日はピザ弁当。「デブでも食ってろピザ！」……という有名あおり文句が頭をよぎった今朝（笑）。ふかしたじゃがいもにかるーく塩しょうしてからパイレックスの容器にポン。その上にトマトソース、チーズ、ベーコン、ピーマン、プチトマトもポン。そのままトースターへポン。チーズが溶ければ完成。唯一の特徴はじゃがいもを1.5個分も使っていることかな！　定番のガッツリ系。しかし、じゃがいも1.5個分のカロリーは100kcalいかない。ピザ生地の半分以下とかちょっと意外。でもまぁ、高カロリーなのは間違いナシ（笑）。

▶ 2014/12/02　カレー風おでん弁当

カレー風おでん、きしめん、とちおとめ

スーパーの日替わり特価でおでん種セット（2人前）を199円でGET。だしにカレー粉＆みりんを追加してカレー風味に仕上げてみたよ！ カレー色にそまったおでん（笑）。練り物オンリー、野菜ナシだとお昼になんだかわびしくなるのでかぶ、人参、プチトマトも入れておいた。もはやおでんというよりカレー風味の和風スープチック。お昼はレンチンでアツアツに。具を半分ほど食べたらこのだしときしめんを投入してカレーうどんならぬカレーきしめんにして食べる予定。楽しみ。

▶ 2014/12/09
塩豚とれんこんのパスタ弁当

▶ お弁当での失敗談　**EPISODE 5**

ある朝、手が滑ってお弁当箱を空中で一回転させたのに、おかずをパンパンに詰めていたおかげで、微動だにせず完全無事な状態でキャッチ。ギュウギュウ弁当万歳。

塩豚とれんこんのパスタ、フルーツ（いちご・キウイ・オレンジ）、のんある気分（アップルヌーヴォー）

週末に仕込んだ塩豚でパスタ弁当。塩豚は、豚肩ロース肉の固まりに大さじ½の天然塩を揉み込んでラップをして冷蔵庫で寝かすだけ。安売りの水っぽいベーコンとはワケが違う。豚のうま味がしっかりあっておいしい！

これがそのときのお弁当箱。「シーガルフードキャリア」。愛い奴です。

07 YUKAさん
YUKA

お弁当作りを開始する時間	お弁当作りにかかる時間
5時30分～6時頃	朝は15分～20分 週末に1～2時間 （常備菜や自家製冷食作り）

▶ 「YUKA'sレシピ♪」 http://yukarecipe.exblog.jp/

常備菜と自家製冷食は時短でおいしい！

週末に作る常備菜と自家製冷食で、手を抜きながら手を抜いて見えない、美しくおいしいお弁当を模索中。料理上手に憧れるただの料理好き。資格系講師・東京都。

▶ お弁当へのこだわり
野菜を中心に彩りよく、季節感を盛り込む。自家製冷食＆常備菜を作ったり、夜に仕込みをしてできる限り朝の手間を短縮。

▶ お弁当のメニューを決める方法
スーパーでそのときに安い野菜を中心に1週間分をおおまかに決定。週に1度は麺類（焼きそばやパスタ）か、パン類を入れるようにしてます。

▶ 2014/01/08

オムそばのお弁当

 冬

オムそば、お惣菜コロッケ、華ハム、パプリカのピクルス、ほうれん草とコーンのソテー、白菜のおみそ汁、マロンパウンド、コーヒースティック

薄焼き玉子で焼きそばをくるんでオムそば。上には人参葉パウダーと白ごま。お惣菜コロッケは、帰宅途中にあるお惣菜屋さんの小さいもの、1個30円。また冷凍庫から出てきた（笑）。冒険ヤローのごとく、お宝発掘。冷凍庫は秘境の地。

▶ 2014/02/18
この時期にちょっと
贅沢なお弁当

梅じゃこのせご飯、鶏肉の竜田揚げ、ポテトサラダ、きんぴらごぼう、菜の花と玉子の炒め物、温野菜、芽キャベツ・スナップえんどう・梅型人参、ミニトマト&ネーブルオレンジ

雪の影響で青果が高騰しているこの頃。ちょっと贅沢にたっぷりお野菜のお弁当。芽キャベツは、芯のところに十字に切れ込みを入れて塩ゆでして、マヨで食べました。

▶ 2014/02/24
常備菜リメイクのお弁当

ささみと揚げなすのとろみあんかけ、もやし入り玉子焼き、きんぴらごぼう、れんこんのきんぴら、梅型人参、いちご・オレンジ・金柑、かぼちゃのマッシュ

週末作った揚げなすをお弁当に。片栗粉をまぶした鶏ささみ肉を焼いて、揚げなすを汁ごと入れ最後に水溶き片栗粉でとろみ付け。常備菜のおかげで盛りだくさん。

▶ 2014/03/03
ちらし寿司のお弁当

ちらし寿司、3色こんにゃく、金柑&いちご&キウイ、お吸い物（市販品別持ち）

季節行事を大事にする、を今年の目標に掲げたからにはやっぱり外せないかなーと思った昨日の夜。ひな祭り、ひとり祭り（笑）具材は夜に準備しました。お雛さまも、お祝いもありませんがこれぐらいの季節感はありかな～。

▶ 2014/03/12
手毬寿司のお弁当

蒸しえびの手毬寿司、花型ウインナー、梅型人参、ゆで玉子、鶏肉のハーブ焼き、けんちん汁

そういえば蒸しえびが残っていたわねーと手毬寿司。スライスしておいたえびは使うときに少し寿司酢にひたしてキッチンペーパーで拭き取ってから使用。夜のうちに準備して、朝は酢飯を作って巻けば、意外と簡単にできます。

▶ 2014/03/13

玉子巻きと
ハンバーグのお弁当

お花ふりかけのおむすび、ミニハンバーグ、春巻き、ハム入り玉子巻き、菜の花と小えびの和えもの、きゅうりのお漬け物、しば漬け、きんぴらごぼう、いちご＆金柑＆うさりんご、ねぎともやしのおみそ汁

ハム入り玉子巻きは、玉子1個分の薄焼き玉子を焼いてハムを2枚のせてくるくる巻いたもの。

▶ 2014/03/25

春の行楽弁当・ふくさ寿司

ふくさ寿司、ミニハンバーグ、華ハム、カラフルピーマンの炒め物、3色玉こんにゃく、しそ巻きちくわ、金柑＆いちご

春の行楽弁当。どこ持っていくの〜？と聞いてはいけません。仕事ですから（笑）。薄焼き玉子は夜のうちに。溶き玉子をざるでいったんこすときれいな黄色になるのです。

▶ 2014/03/27

特売・えびフライのお弁当

えびフライ、おむすび、カラフルピーマンの炒め物、花型ウインナー、ゆで玉子、いちご＆キウイ＆ネーブル、キャベツとねぎのおみそ汁

お惣菜屋さんのえびフライ、2尾で80円♪　そろそろ手持ちの常備菜と自家製冷食が手薄になってきました。週末にはまた作らねば。

▶ 2014/03/28

鮭三つ葉のおむすび弁当

鮭と三つ葉のおむすび、カラフルピーマンの炒め物、菜の花炒め、華ハム、春巻き、紅しょうが入りさつま揚げ、ゆで玉子、いちご＆ネーブルオレンジ

なんか今週は長かったｗ　かなりお疲れモードでお送りする今日のお弁当は在庫一掃。おかずらしいおかずが少ないですが、十分ですｗ

▶ 2013/04/04

使い回し素材で手抜き
ドライカレーのお弁当

手抜きドライカレー、いろいろ野菜焼き、なす・赤と緑のピーマン・アスパラ、ゆで玉子

昨日の夜は帰宅が遅くて、さらに仕事まで持ち帰ってあははは～とから笑い。玉ねぎと人参とひき肉で作った素で、今日はドライカレー。これを使い回して、明日はミートソース、明後日はオムライスの予定。

▶ 2013/04/12

あなごのかば焼きで簡単
ひつまぶし風おうち弁当

あなごのかば焼きでひつまぶし風

酢飯にあなごを刻んで、炒り玉子とカイワレを。ごまも少し入ってます。刻んで混ぜただけ。あなごのかば焼きが安かったんです(笑)。うなぎと間違ったわけではないです！……国産うなぎは高かったんです(爆)。

▶ 2014/04/21

たけのこ尽くし
チンジャオロースのお弁当

たけのこご飯、チンジャオロース、たけのこ入り肉だんご、ベーコン入りキャベツ巻き、青梗菜花のおひたし、玉子焼き、しば漬け、いちご＆ぶどう

週末があっという間すぎですｗ　でもまた今日から頑張るのです。常備菜たっぷりなのでお弁当は頑張らなくて平気(笑)。

▶ 2014/04/25

4種おむすびのお弁当

4種おむすび(空豆と桜えび、たけのこご飯、鮭わかめ入り雑穀米、かりかり梅としそ入り)、たけのこ入り肉だんご、土佐煮、華ハム、玉子焼き

おむすび4種類って手が込んでいるように見えますが、実はちょこちょこ余って冷凍しておくご飯の整理弁当(笑)。

07:YUKA

▶ 2014/04/30

トマトライスと
鶏むね肉ピカタのお弁当

トマトライス、鶏むね肉のピカタ、アスパラの炒め物、しば漬けみょうが、花型ウインナー、華ハム、いちご＆ぶどう

昨日炊いておいた、炊飯器で作るトマトライス。オムライスにしようと思ったのですがピカタで玉子を使ったので、そのまま。玉子は1日1個まで、がルールなので（笑）。

▶ 2014/05/02

オムすび弁当

オムすび、鶏むね肉のメンチかつ、花型ウインナー、ハムチーズ入り玉子巻き、しば漬けみょうが、いちご＆ぶどう

「オムライス」風「おむすび」でオムすび（笑）。鶏むね肉は冷めると硬くなるので、フードプロセッサーでミンチに。玉ねぎと鶏むね肉をそれぞれFPにかけて、塩こしょう、コンソメの素、パン粉をつけて揚げ焼きしました。

▶ 2014/05/14

簡単花型飾りノリ巻のお弁当

簡単花型飾りノリ巻、タンドリーチキン、華ハム、花型ウインナー、玉子巻き、しば漬けみょうが、きんぴられんこん、ぶどう＆オレンジ

「簡単花型飾りノリ巻」は、忙しい朝にもできるかわいいのり巻きです。クックパッドにレシピをアップしてますが、最近いろいろな方に作っていただけて嬉しいです♪

▶ 2014/05/23

冷やし中華始めました♪

冷やし中華、ミニトマト

朝から麺をゆでました。錦糸玉子も焼きました。で、最後にいろいろ盛り付けただけ。なぜか人参しりしりーも盛った（笑）。冷やし中華のつゆは凍ったまま保冷剤として別持ち。本当はラ王の冷やし中華乾麺を探していたんです。マルちゃんはあるのに、ラ王がないっ。ラ王が食べたい！

▶ 2014/08/22
オムライスのお弁当　夏

オムライス、花型ウインナー、れんこんのひじき煮、華ハム、ぶどう

時々急に食べたくなるオムライス。ケチャップをかけて持参のときはオムライスの高さが重要。お弁当箱の蓋につかない程度の高さに。でないと、スプラッター映画並みの惨劇に (笑)。

▶ 2014/08/28
ガパオライスと……大失敗！　夏

ガパオライス、マスカット＆巨峰

お弁当ショップの「のぼり」で見たガパオライス。お～いいもの見た♪　ってことで今日はタイのガパオ (鶏肉のバジル炒め)。でも目玉焼き大失敗!!(笑)　目玉焼きは半熟を崩して食べるのですが、夏のお弁当には怖いから火は通そう……と思ってはいました。でもこれはやりすぎ (笑)。

▶ 2014/09/27
今週の常備菜は
珍しく魚メインで♪　秋

鮭の南蛮漬け、肉だんご、茎わかめと玉ねぎの中華和え、絹厚揚げ煮、かじきフライ、しその実のしょうゆ漬け

常備菜作りは毎週末のお約束です。お魚を調理するぞーと思っていたので鮭の南蛮漬けを作りました。片栗粉をまぶした鮭を揚げ焼きしてたれに漬け込み。野菜は赤・黄色のパプリカ・ピーマン・人参・玉ねぎ。

▶ 2014/09/30
鮭の南蛮漬けのお弁当　秋

塩むすび、鮭の南蛮漬け、茎わかめと玉ねぎの中華風和えもの、ぐちゃぐちゃ玉子焼き、肉だんご、ぶどう、キャベツのおみそ汁

玉子焼きを焼く予定が急に面倒になって「ぐちゃぐちゃ玉子焼き」。スクランブルとか言えばいいのに、いつもぐちゃぐちゃ……って呼んでいるのです (自分で)。

▶ 2014/10/09
肉巻きと
れんこんピカタのお弁当

いんげんの肉巻き、れんこんピカタ／カレー風味、華ハム、2色のじゃこピー、梅甘酢みょうが、しば漬け、小梅干し、梨とプルーン

れんこんはピカタに。今回は顆粒だしと塩に、S&Bのカレー粉を入れてカレー味。赤と緑のじゃこピー。作りすぎて盛り盛りになりました。

▶ 2014/10/27
きのこと
チキンバーグのお弁当

きのこのチキンバーグ、玉子焼き、人参ナムル、じゃこピー、赤かぶの浅漬け、花型ウインナー、赤と青のりんご

しめじとチキンバーグを一緒に焼いて照り焼き風の味付けに。夜用意しておいて、朝温めてから水溶き片栗粉でとろみをつけました。玉子焼きも夜焼き。果物も夜カット。あとは常備菜〜。

▶ 2014/10/29
常備菜のっけ弁当

じゃこピー、人参ナムル、炒り玉子、鶏つくね、花型ウインナー、赤かぶの浅漬け、柿

昨日は仕事で余裕もなく、帰宅後もまた仕事が待っているw 働かないとねー（遠い目）。もう、考える余裕もなく（笑）。冷凍しておいたチキンバーグの種を小さくつくねにしたのがせめてもの抵抗（笑）。

▶ 2014/10/30
常備菜巻き巻き弁当

常備菜肉巻き、厚揚げのしょうが焼き、花型ウインナー、赤かぶの浅漬け

常備菜を完全に消費するお弁当作り。昨日はのっけました。今日は巻きました（笑）。赤かぶばかり食べてますがそう言えば、赤大根の「レディーサラダ」がぬか床に。最近ぬか漬けがおいしいのです（笑）。

▶ 2014/11/20
いなり寿司のスッキリ弁当

いなり寿司（しそ＆新しょうがの甘酢漬け）、花れんこんの甘酢漬け、とんかつ（市販品）、玉子焼き、きんぴらごぼう、かぶの浅漬け・ゆず風味、柿＆りんご

今日は白っぽいお弁当ｗ　おいしいとは思うのですけどー。どうみても寒そう（笑）。写ってませんが、一緒に真っ赤なサーモスで豚汁も持っていきます！

▶ 2014/11/25
照り焼きチキンのお弁当＆詰め方のこだわり

照り焼きチキン、玉子焼き、きんぴらごぼう、ほうれん草のおかか和え、花れんこんの甘酢漬け、かぼちゃ煮、みかん

今日は詰め方がうまくいきました。詰め方のコツは、ご飯に傾斜をつけて入れ、おかずを立てかけるようにすることです。お弁当箱についている仕切りだと垂直に仕切られるので、美しく詰めるのは難しくなります。

▶ 2014/12/18
おむすび弁当

おむすび（塩＆明太子）、豚バラ肉しそ巻き、花型ウインナー、玉子焼き、人参しりしりー、しば漬けみょうが、ミニトマト、豚汁

簡単に〜と思ったら意外と手間のかかったおむすび弁当。珍しくのり巻きおむすび。具材は明太子〜。真ん中は塩むすびです。私の好きな具材BEST3は鮭・明太子・ツナ。

▶ お弁当での失敗談　　**EPISODE 6**

雪の降った翌日、通勤のために駅まで自転車で走っている最中、見事に転倒しました。お昼におそるおそるお弁当を開けたら、見るも無残な姿に（涙）。

08 音海さん
OTOMI

お弁当作りを開始する時間	お弁当作りにかかる時間
7時頃	10分～30分 平均すると20分ほど。

▶ 「シアワセの時間」 http://aquapink58.blog18.fc2.com/

> 子育て無事終了。
> パパ弁を気ままに
> 作っています♪

ごくごく普通のアラフォー主婦。息子の高校入学を期に本格的なお弁当作りスタート！ その後、娘が高校入学しお弁当2人分になり、いつの間にかパパ弁も作ることに?! そして現在、子供たちも社会人になり、パパ弁を気ままに作ってます。

▶ お弁当へのこだわり
蓋を開けたときに「おいしそう！」と思ってもらえるように、彩りをよくするように気を付けています。

▶ お弁当のメニューを決める方法
まずはメインのおかずをどうするか冷蔵庫と相談。副菜は常備菜が多いです。どうしてもメニューが決まらないときは、丼弁当です(笑)。

▶ 2014/04/18

こまごまおかずを詰めました

ひじき煮、具なしナポリタン、春巻き(チルド品)、スナップえんどうのごま和え、パプリカナムル、ちくわのチーズのっけ焼き、ミニトマト

春巻きとナポリタンは、娘がお弁当に詰めていき、余ったのは、こまごまと常備菜などを詰めてパパ弁完成～！ この春から社会人の娘。本日、金曜日はカジュアルデーですがオフィスに着ていけるようなカジュアルな服なんて持ってませんからいつもの通り、今日もスーツでご出勤。普段も、どんな服を着て行くといいのか、仕事をしつつ先輩の洋服をチェックしているようです。美人さんばっかりで「ヤバい！ レベル高すぎ！」と出勤初日の夜、興奮気味に話していましたが、そういう環境にいれば、おのずと自分のレベルも上がるんじゃないかな～と母は淡い期待をしているのですが^^;

▶ 2014/04/28

ひじき入り豚つくね

ひじき入り豚つくね、卵焼き、オクラベーコン、春巻き(冷食)、れんこんのきんぴら、ミニトマト

GW突入しましたが、我が家はGWなんてないのでいつも通り。豚つくねは、ひじきの他にれんこんのみじん切りも入れてます♪ シャキシャキの食感がいい感じです^^ 豚ひき肉300gあったので、お弁当用にまとめて作って冷凍ストックしました。春巻きは冷凍庫に1個残っていたので隙間に詰めました(笑)。れんこんのきんぴらは常備菜から^^

▶ 2014/05/12

魚ロッケ

豆腐でふわふわチキンナゲット、卵焼き、魚ロッケ、じゃが丸チーズ、スナップえんどうとベーコンソテー、ミニトマト

今日は九州のソウルフード「魚ロッケ」がメインのお弁当〜。ピリッととうがらしの辛さがたまらない、おいしい一品です。あとは作り置きのナゲットと、これまた作り置きのじゃが丸チーズ♪ 昨日は母の日でしたね♪ 息子からピンクのカーネーションの鉢植えをもらいました。息子から生花のカーネーションをもらったのは10数年ぶりです。小学1年生のときに、初めてカーネーションをもらったっけ? なけなしのお小遣いを握りしめ、自転車で一生懸命花屋さんを探したって……。あの頃は、本当に仕事、仕事で、子供たちをかまってやれず。それが私の唯一の後悔。その後、懺悔の意味でも、お弁当作りはそれなりに頑張ったつもりですが。息子「大事に育てたら、来年も咲くらしいよ」。大事に大事に育てなきゃね!

▶ 2014/06/10

ぎゅ〜〜〜っドン！

牛丼

今日は娘のお弁当箱で牛丼です♪　娘は本日、土曜出勤の代休〜。火曜日なのでこれから娘と一緒に買い出しへ。何やら父の日のプレゼントも考えてるようです^^　娘から父の日のプレゼントなんて小学校以来?!　パパもきっと大喜びするだろうなぁ？「パパの好みがわからんけん、何やっていいか悩む〜！」「洋服でもいいんだけどさぁ……てか、サイズあんの？」　それを〜言っちゃ〜おしめぇよ……。

▶ 2014/06/25

からし高菜
チャーハン

からし高菜チャーハン、えびシュウマイ

今日はバイトだったので手抜きのチャーハン弁当。ちょっと前に、明太高菜と思って買ったからし高菜がもう1袋残っていたので、それでチャーハンにしました♪　隅っこのは、えびシュウマイ（冷食）←娘用に買ってきた残り（笑）。先週の日曜日に、息子の車が納車だったのですが早速、車を借りて買い物へ行ってきました〜♪　いや〜、車が2台あると便利です！　でも車の任意保険、若い子はホントに高いですね！　息子は10月で21歳なので、20歳の現段階で28,500円と言われました。駐車場代、ガソリン代、保険代、車本体代、税金と……改めて、車を持つってお金がかかる〜と痛感した今日この頃です（汗）。

▶ 2014/07/18
麻婆なす

麻婆なす、卵焼き、焼きしいたけ、ブロッコリーのマヨパン粉焼き、ミニトマト

豚ひき肉が冷凍庫にあると思ったらなかったので豚小間ちゃんをみじん切りにして炒めた麻婆なす。ひき肉より食べ応えがそこそこあって、これもまたイイかも?!

▶ 2014/08/04
コロッケ弁当

コロッケ、卵焼き、いんげんのごま和え、きんぴらごぼう、フルーツトマト

これといって特徴のないお弁当です(笑)。ソースは、別容器に持たせようかな? と思ったのですが旦那さんのことです、間違いなくた～っぷりかけるので初めからソースをかけておくのが一番!

▶ 2014/08/21
鶏むね肉のしょうが焼き

鶏むね肉のしょうが焼き、味玉、豚小間とゴーヤのオイスターソース炒め、人参ナムル

うす～くスライスした鶏むね肉を、しょうが焼きにしました～♪ 鶏むね肉のスライスは、生より半解凍したものがスライスしやすいです。あとは全部、常備菜(笑)。最近、常備菜にすごく助けられてます^^;

▶ 2014/10/03
ミラノ風カツレツ

ミラノ風カツレツ、卵焼き、モロッコいんげんのごま和え、人参ナムル、マカロニサラダ、ミニトマト

一応ミラノ風カツレツです^^; 豚ロースを、麺棒でバンバン叩いて～! クレージーソルトをフリフリして、パルメザンチーズを混ぜたパン粉をつけ、少ない油でジュワーーッ!

▶ 2014/10/09
柔らかヒレかつ丼 秋

ヒレかつ丼

今日はヒレかつ丼♪　ヒレ肉ブロックを、少し厚めに切って麺棒でトントン！　箸でも切れるほど、柔らか〜なかつになりました。卵でとじてるので、ヒレかつの存在がわかりにくいですがセンターに3枚、お行儀よくヒレかつが並んでます^^;

▶ 2014/10/16
のり弁 秋

えびとひじきのふんわり揚げ（冷食）、大根のしょうゆ漬け、白身フライ、ほうれん草とコーンのソテー、和風ふっくらオムレツ（冷食）、フルーツトマト

のり弁にした丼弁当です♪　昨日は旦那さんと、ちょっとドライブに行ってきたのですがそこで買った大根のしょうゆ漬け。ポリポリと食感がいいです^^

▶ 2014/10/30
タンドリーチキン 秋

タンドリーチキン、えびとひじきのふんわり揚げ（冷食）、ゆで卵、れんこんきんぴら、いんげんごま和え、フルーツトマト

今夜のお夕飯に、昨日仕込んでおいたタンドリーチキンをお弁当用に拝借。って〜ことは、今日は旦那さん、お昼も夜も同じおかず?!（笑）

▶ 2014/11/20
リベンジ！ おにぎらず 秋

おにぎらず

前回、のりを半分にして作ったので、具が片寄ってしまいなんとなく微妙なおにぎらずに……。今回はのり全形1枚を使って作ったので、具はどうにかセンターに。ちなみに、具は鮭と大葉、ハムエッグです♪

▶ 2014/11/21
さんまのかば焼き

さんまのかば焼き、スナップえんどうベーコン焼き、味玉、ほうれん草のごま和え、かぼちゃコロッケ(冷食)、ミニトマト

さんまのかば焼き、缶詰ですから〜。もう随分前に買っていた缶詰。このままだと忘れ去られてしまいそうなので、気づいたときに食べる！

▶ 2014/12/04
サンドイッチ

卵サンド、ごぼうサラダサンド、チキンハンバーグサンド、ポテサラサンド、ハムきゅうりサンド

サンドイッチ用のパンがお安かったので、いっぱい作っちゃいました。ごぼうサラダは、食べるときボロボロと落ちるかも？ と思ったので刻んで挟みました。チキンハンバーグは、昭和なニオイが漂う「丸大食品」のもの。

▶ 2014/12/05
鶏肉のトマト煮

鶏肉のトマト煮、卵焼き、ほうれん草ナムル、ごぼうサラダ、ブロッコリー、ミニトマト

クックパッドで見た鶏むね肉が柔らかくなる裏ワザ。砂糖をなじませて2時間休ませるだけ。試してみたら冷めてもしっとり〜！ 今朝は娘が初めての冬のボーナス日で、ウキウキで出勤していきました〜♪

▶ お弁当エピソード　　EPISODE 7

よくお弁当箱を学校に忘れて帰ってきた息子。あるとき、忘れて帰ってくる日が続き、カチーン！ ときた私は、黙って娘のピンクのお弁当箱に詰めて、おかずにはハートのピックをたくさん刺して持たせました。当然、本人は学校で包みを開けるまでそのことは知らず。友達から「間違って妹の弁当持ってきた？」と突っ込まれ、すごく恥ずかしかったとか。心の中で「ヨッシャー！」とガッツポーズした私です^^

09 にこさん
NIKO

お弁当作りを開始する時間　6時くらい
お弁当作りにかかる時間　30分から1時間

▶「ニコの玉子焼き器で作るお弁当」 http://ameblo.jp/tmrsts0303/

卵焼き器を使って効率よく！

30代前半、大阪府在住。旦那様へのお弁当を作り始めて6年目です。料理の効率と洗い物の少ない方法を考え、卵焼き器でほとんどのおかずを作ることに行き着きました。メニューを決めたら卵焼き器での作り方をシミュレーション。今ではあまり考えなくても作れるようになりお弁当作りが趣味になりました。

▶ お弁当へのこだわり
見た目が毎日同じにならないように、お弁当箱を変えたりキャラ弁にしたり、雰囲気を変えるようにしています。

▶ お弁当のメニューを決める方法
その日の朝に決めます。冷蔵庫と冷凍庫を見て作れるもので作っています。夜ご飯の残りがあればそれで簡単にしちゃいます。

▶ 2014/01/15　炊き込みご飯と豆腐チリのヘルシーお弁当　 冬

炊き込みご飯、豆腐のチリソース、卵焼き、ウインナー、人参のナムル

具だくさんの炊き込みご飯で、ご飯の量も減らして、おかずも豆腐でヘルシーお弁当でした。豆腐チリは、水切りした豆腐に片栗粉つけて、全面焼いて、寿司酢、砂糖、ケチャップ、豆板醤、ねぎのみじん切りを入れて煮からませましたー。旦那さんはお仕事ー。いつも頑張ってくれてありがとうね。

▶ 2014/02/03
巻き寿司のお弁当

巻き寿司

今日は節分ですが明日からお出かけなのであんまりお買い物してなくてー。なんとなく、節分を意識して巻き寿司にしました。豚肉を焼き肉のたれで炒めたのと、人参のナムル、キャベツと卵焼きを巻きました。

▶ 2014/02/25
ちらし寿司と天ぷらのお弁当

ちらし寿司、天ぷら、さんまの缶詰

簡単なちらし寿司と、天ぷらでしたー！ さんまの缶詰があったので、それで簡単に。旦那さん、缶詰好きじゃないみたいだったけど、お弁当で食べたらおいしー！だって！

▶ 2014/03/10
おいなりさんのお弁当

おいなりさん、卵焼き、ちくわと味付け海苔の炒め物、ウインナー、かまぼこ、ブロッコリー

おいなりさんとちょいとおかずでしたー。おあげさんは昨日煮ておいて、ご飯に混ぜ込む具も煮ておいたので早くできました。

▶ 2014/03/18
混ぜご飯おにぎりと
鶏むね肉の唐揚げのお弁当

鶏むね肉の唐揚げ、菜の花のベーコン巻き、卵焼き、ピーマンと人参のきんぴら、ウインナー、しょうが天、かまぼこ、ブロッコリー

おにぎりは、豚フレーク缶詰を混ぜたご飯です。今日はぱっとお買い物行ってゆっくりしますー。

▶ 2014/03/24
鶏の照り焼きのお弁当

春

鶏の照り焼き、卵焼き、ピーマンのハム巻き、ブロッコリー、ご飯、スナップえんどう、おみそ汁

先週は最悪な1週間でしたぁ。土曜日まで熱。今日も休み休み家事をして、ご飯も食べて、日常と体力を取り戻そうと思います。無理しすぎず、焼くだけのばっかりのお弁当にしました。

▶ 2014/05/19
きんぴらごぼうの
巻き寿司のお弁当

玉ねぎの天ぷら、大豆のカレー天ぷら、ミートボール、ウインナー

きんぴらごぼうのリメイク巻き寿司！ 具は、卵焼き、きゅうり、きんぴらごぼうでした。ミートボールは、前に作って冷凍してた肉だんごに味付けしただけ。簡単なおかずたちでしたー。

▶ 2014/06/17
父の日＊肉巻きおにぎりで
お届けお弁当

肉巻きおにぎり、卵焼き、鮭のしょうゆ麹焼き、ポテトサラダ、ししとうと人参

日曜日は父の日だったので、旦那さんのお父さんにもお届けお弁当しました。この日の夜、お義母さんからお電話いただいて、またたくさん褒めていただいたのでした。あたしのほうが嬉しくなった父の日でしたー！

▶ 2014/06/25
グリルチキンのお弁当

グリルチキン、エリンギ、赤ピーマン、黄色いズッキーニ、もやし炒め

朝からサッカー日本戦を見てたので簡単に。グリルチキン！ 鶏肉とお野菜焼いただけーです。旦那さん、夜は飲みに行くらしく、捨てられる（レンジでチンもできる！）お弁当箱にしました。

▶ 2014/07/07
七夕＊冷やし中華と
おいなりさんのお弁当＊

冷やし中華、飾り稲荷

夏

冷やし中華ー。麺はインスタント！ すっごくおいしくってハマってまーす。あとはおいなりさん。これも楽ちん。煮てあるおあげと、具が入ってる便利なおいなりさんセット！ ご飯に混ぜておあげさんに詰めるだけー！

▶ 2014/07/14
焼き肉のっけチャーハンの
お弁当

焼き肉のっけチャーハン、野菜炒め

夏

ご飯が残ってたので、チャーハンにして、ちょっとずつ冷凍してる牛肉、焼き肉のたれで炒めたのをのっけましたぁ。ほんのちょっとの牛肉だけど嬉しいはずー！ あとは、いろいろお野菜のみそ炒めの、簡単お弁当でしたー。

▶ 2014/07/25
本気ののり弁　─────っっ

夏

たらのフライ、ちくわの磯部揚げ、きんぴら、のり、かつおぶしご飯

今日は、天神祭りのクライマックスです。天神祭りの日って、「はも」を食べる習わしがあるんですけど、旦那さんが、「はも食べたくない？」って。え─────っ！ 食べたいけど、お買い物行くのめんどーくさいです……。

▶ 2014/08/08
なすの肉巻きの地味お弁当

夏

なすの肉巻き、ごぼうと豚肉の煮物、卵焼き、ウインナー、いんげんの梅しそ和え、おにぎり

地味な和風お弁当ー！ 地味なお弁当って栄養ありそうじゃないですか？ かわいいお弁当もいいけど、地味なお弁当もたまにはいいなぁ。

▶ 2014/09/30

麻婆豆腐のお弁当

麻婆豆腐、卵焼き、ちくわのカレー炒め、いんげんの塩昆布和え

あっという間にできちゃいました。麻婆豆腐弁当。この日はフライパンで作りましたー。

▶ 2014/10/06

キャラ弁＊ハロウィンおにぎりのお弁当

鶏肉とねぎとししとうの照り焼き、卵焼き、ウインナー、平天のカレー炒め、ブロッコリー

ハロウィンっぽく！ やっとちょっとだけかぼちゃのおばけがうまくできるようになってきましたー！ ケチャップライスで。具が入ったナポリタンソース使ったので楽ちん。右下のおにぎりは、一応、クモの巣イメージです！

▶ 2014/10/08

秋鮭の混ぜご飯のお弁当

秋鮭の混ぜご飯、卵焼き、里芋の煮っころがし（作り置き）、なすの揚げびたし（作り置き）、ピーマンのベーコン巻き、焼きそば、ししとうのささみ巻き、ブロッコリー

秋鮭の混ぜご飯にしました。混ぜご飯にするとご飯の量減らせるー！ 旦那さん、塩鮭は好きだけど秋鮭は別に、とか言うので、混ぜご飯にしちゃいました。

▶ 2014/11/03

天丼のお弁当

天ぷら（ささみ、さつまいも、れんこん、ししとう、しいたけ、大葉）

昨日はお友達家族にコストコに連れてってもらってーめちゃくちゃ楽しかったですー！ コストコで冷凍のえびも買ったから、それも天ぷらにしようかと思ったけどー旦那さん、えびの天ぷらあんまり食べないからやめましたー。

▶ 2014/12/01

入籍記念日の仲よしお弁当

おにぎり、鶏団子、卵焼き、ブロッコリー、ししとう

今日は入籍記念日です。いつの間にか、付き合ってた年数より結婚してからの年数のほうが長くなってますー。こういうおにぎりにするとご飯の量が減っちゃうので、スープもつけましたー。ちょびっとお手紙もつけましたー。また1年、仲よく過ごそうね*

▶ 2014/12/05

おにぎりちゃんと
ハンバーグのお弁当

ハンバーグ、ミートソーススパゲッティ、卵焼き、ブロッコリー、ほうれん草のゆずみそ和え、おにぎりちゃん、おみそ汁

朝からお弁当が何も思いつかず。ハンバーグは前に作っておいたのを冷凍してたもの。ハンバーグを解凍するのはレンジの解凍機能を使ってるんですけど、少し冷たいくらいまでの解凍にしています。レンジで温めると肉汁が出ちゃうのでー。味付けで完全に火を通してます。

▶ 2014/12/22

サンタくんとトナカイくん
おにぎりのお弁当

サンタくんとトナカイくんおにぎり、肉巻き、卵焼き、ブロッコリー、人参

もうすぐクリスマスー*　なので、クリスマスなお弁当。なんとも完成度の低いお弁当になってしまいました……サンタさんじゃない！　サンタくんー。旦那さんはお仕事ー。いつも頑張ってくれてありがとうね。

▶ お弁当での失敗談　　EPISODE 8

焼きそばを丸いお弁当箱に入れたら、「丸い形のまま麺が固まって取れたよ！　かじって食べたよ！」と、旦那さんに言われました。それ以来、ごま油を麺にからませて、一口分ずつ巻いて、野菜を挟みながら入れていくようにしました。

10 山本朋子さん
YAMAMOTO TOMOKO

お弁当作りを開始する時間	お弁当作りにかかる時間
5時50分〜	1時間くらい（朝食の用意と一緒に）

▶「平成のドカ弁。」http://dokabento.exblog.jp/

楽しみながらドカ弁を作っています。

千葉県在住の主婦でOL。40代で新婚です。いっぱい食べてくれる旦那さんのために、お弁当は「見た目よく、おいしく、野菜たっぷり、ボリューミー」に。たくさん入るお弁当箱を探したり、珍しい野菜を買ってみたり、試行錯誤しながらのお弁当作りは楽しいです。キャラ弁も試したいけど、さすがにおじさん用のお弁当にはどうかと思い、我慢（笑）。

▶ お弁当へのこだわり
メインの1品だけは、丁寧に作る。情報収集して、レシピなど新しい試みをしてみる。

▶ お弁当のメニューを決める方法
魚は魚類市場で、お買い得で旬なもの。基本的には自分の食べたいものを作っています^^;

▶ 2014/07/29 ｜ ミックスのりドカ弁 夏

焼き鮭、レモンチキンウイング、オクラベーコン巻き、きのこハンバーグinゴーヤ、大葉みそしいたけマヨ焼き、中華きゅうり漬け、じゃこピーマン、トマト、梅干し、ゆでオクラ、アンパンマンポテト

本日はのり弁ですが、1合強入っているお米が隠れてしまいました。恐るべしアイザワ工房1200mlの収納力！　これ以外にドーナツとチョコウエハースを付けたw　今日もヘビー級の弁当、何で肥えないのぉ〜?!

▶ 2014/07/17
旦那くりそつ弁当w

おかずいろいろ……

過去の傑作？集から。旦那くりそつ弁当。

▶ 2014/07/17
えろ弁（≧∇≦）

焼きそば、パスタ、ソーセージ、明太子、サラダ、プチトマト

過去の傑作？集から。こちらはえろ弁（笑）。

▶ 2014/08/08
ゴーヤ餃子と
あじの南蛮漬けドカ弁

ゴーヤ餃子、あじの南蛮漬け、アスパラといんげんとベーコン炒め、パセリとしらすのオムレツ、いつぞやの角煮、梅干し、餃子の下に底上げ用のゆでオクラ

餃子はゴーヤとしいたけと合いびき肉に、ごま油、しょうゆ、オイスター、塩こしょう、おやじみそで濃い目に味付け。そのままでも味がするようにしました。にんにくは入れてません。ゴーヤのコリコリ感がほんとうまいので、ゴーヤの処理に困ったらおすすめです。セロリを入れてもおいしいかも〜。あじ南蛮は、昨夜11時くらいにダーリンが作っていました。なすが揚げびたしになっていて、私もランチが楽しみです。デキる旦那さんや〜！

▶ 2014/09/11
アスパラ肉巻きドカ弁 秋

アスパラ肉巻き、れんこんつくねハンバーグ、めかじき西京焼き、焼きそば、かぼちゃ煮、まいたけ焼き、トマトとルッコラ

昨夜、れんこんつくねハンバーグを作りました。鶏ひき肉にれんこん、しいたけ、玉ねぎ、青とうがらしのみじん切りを入れ、ごま油、しょうが、しょうゆ、塩こしょうで味付け。コリコリでピリ辛、ヘルシーつくねです。

▶ 2014/09/29
おにぎり弁当

おにぎり、卵焼き、ウインナー、ミニトマト

土曜日は軽めのおにぎり弁当を作ってお出かけしましたよ。秋晴れでさわやかな週末で、ワンちゃん連れて海に行きました。浜辺でフリスビーしたり、わんわん砂だらけで大変な目にあいましたが、とても気持ちのいい週末でした〜。

▶ 2014/10/02
いわしのごま焼き揚げドカ弁

いわしごま焼き揚げ、バッファローチキン、れんこんはさみ揚げ、マカロニサラダ、オクラハム巻き、紫キャベツのレモンマリネ、さつまいものレモン煮、きんぴら、ゆで絹さや、アイコ

昨夜の夕飯からのスライドが数品あったので、楽ちんでした。しかし、いわしのしっぽを残すのって難しい。すぐ外れちゃう。私が雑なだけかな？

▶ 2014/10/14
ケバブドカ弁

ケバブ―串、パプリカウインナー串、焼きししとう、焼きかぼちゃ、サラダ、焼きそば、玄米入りご飯

1合くらい敷き詰めたご飯の上にどーんと。朝からバーベキューなキッチンでした。牛ひき肉、玉ねぎ、パセリ、チリパウダー、塩、こしょう、ナツメグをコネコネして串に刺して焼くだけでござる。簡単豪快弁当になりました。

▶ 2014/10/29 鯛めしドカ弁

鯛めし、筑前煮、しょうが焼き、卵焼き、ブロッコリーとトマト

──────────────

昨日、ふらっと立ち寄ったスーパーで、鳥取沖天然なんとか鯛が3匹で250円。小ぶりながらもこれは買いです！ ずっと食べたかった1品です！ 2匹をアラ付きで三枚におろしてもらい、1匹は内臓とうろこを取ってもらいました。早速深夜にアラと身を昆布としょうがともにコトコト煮込み、だしをとりましたよ！ 鯛めしのためなら早起きもなんのその。5時半に起きて炊き込みました。ピンク色でかわいらしい出来上がりです♪ うまいうまい!! 自画自賛な出来上がりでした〜。……旦那さん、まるまるのっけたピンク色の鯛を見て「マジっすか?!」と目が点に。さすがに鯛はほぐして持たせました（笑）。

▶ 2014/11/11 天むすドカ弁

えび、まいたけ、ちくわ、かきあげの天むす、きゃらぶき、つくね、サラダ小鉢

──────────────

実家でゲットした天ぷらくんたちで天むすにしました。ほんとは10個ぐらい並べる予定でしたが、なんだか1個が大きくなってしまいました。天むすといえばきゃらぶき！ 先日鞍馬で買ったきゃらぶきがちゃんと入っていますよ〜。

▶ 2014/11/14　ぶりのみそ漬け焼きドカ弁

ぶりのみそ漬け焼き、甘長と絹揚げの炒め煮、ピーマンとチーズオムレツ、鶏皮ポン酢、かぼちゃ煮、梅干し、アイコ

昨夜仕込んでおいたみそ漬けぶりをグリル焼きにしました。味見はまだですが、とてもいい匂いな仕上がりでしたよ。そして昨夜、捨てようかと思った鶏皮をゆでて再利用ｗ　きゅうりと赤ピーマンと一緒にポン酢和えにしました。これはお弁当よりも酒のアテですな。

▶ 2014/11/17
寝坊しました弁当^^;

おにぎり、ウインナー、レタス

5時半の目覚ましに気づかず、朝日の眩しさで目が覚めました。完璧寝坊ですｗ　お弁当作りも諦めかけたのですが、ご飯だけは炊けていたので、せめておにぎりだけでも。最短記録15分で完成させました。ゆで卵があったらよかったかな。明日は寝坊しないぞ〜。

▶ 2014/11/19
ステーキ重ドカ弁

ステーキ、ひじきサラダ、いんげんごまマヨ和え、味卵、ブロッコリー、トマト、赤かぶ漬け

一口カットステーキをバターしょうゆにんにくで焼き、ドーンとのっけてみました。久しぶりに生協でカット済みの国産牛が出たのでお弁当に使ってみました。やはり焼き立てには敵わないでしょうが、冷めてもそこそこ柔らかでおいしかったです。

▶ 2014/12/04
爆弾おにぎりドカ弁

爆弾おにぎり

爆弾おにぎりの中身は、ツナマヨ&からし高菜、塩昆布&梅干し。爆弾、とても重たいですｗ　ウインナー焼いて、昨夜の残り物、焼きそばと手羽先のレモン塩焼きで出来上がり！　簡単弁当でした～。しかし、ツナマヨと高菜って相性がイイ！　イイ！　ハマる味です。

▶ 2014/12/18
鯛焼き卵ドカ弁

鮭のみそ漬け焼き（みそ、ごま油、酒、にんにく、しょうゆ少々で一夜漬け）、鯛焼き卵、チンジャオロース、ほうれん草ベーコンのキッシュ、赤かぶ漬け、れんこんチップ、トマト、明太子マヨマカロニ

クックパッドで見かけた、ミニ鯛焼きの型で作る「鯛焼き卵」！　仕事帰りに100均のセリアに走り、無事ゲットしました。めちゃかわいいビジュアルに萌え萌えです。

▶ 2014/12/25
ローストチキンドカ弁

ローストチキン、パプリカ肉巻き、小えびフライ、鯛焼き卵、紫キャベツマリネサラダ、小梅、豚汁

昨夜、旦那くんが買ってきたローストチキンの残りでお弁当。大きな骨付きチキンを3本も買ってきて、ダイエットする気あるんでしょうか……。新しい2段わっぱが届きました。上下で1030ccのデカ盛り用です。この弁当箱で果たしてダイエットになるのか謎ですｗ

▶ 2014/12/26
鮭いくらちらしドカ弁

鮭いくらちらし、筑前煮、ささみ梅昆布茶ゆかり揚げ、伊達巻、油なす、トマト、豚汁

今年4月から作り始めたお弁当ですが、よくぞこんなデカイ弁当を毎日きれいに平らげてくれました。我が旦那ながら頼もしいですｗ　来年は、増加体重を多少考慮し、「平成のドカ弁。炎のダイエット編」をお送りしたいと思います(笑)。

11 カバ子さん
KABATANI TOMOKO

お弁当作りを開始する時間	お弁当作りにかかる時間
6時に起きて5分後にはキッチンに立っています	朝ご飯の用意も込みで30分

▶「カバんちのご飯」 http://hipopogohan.blog.fc2.com/

夕食を多めに作って朝にチーン！

お弁当作りは結婚と同時にスタートし、まだ2年も経たないひよっこです。今は全くの別分野で働いていますが、前職は栄養士でした。なので栄養バランスを考えるのはわりと得意かもしれません。でも実際は夕食と一緒のものや、簡単なおかずばかり。ひとつひとつは大したものじゃないけど、なぜか総合的においしい。そんなお弁当になるように心がけています。

▶ お弁当へのこだわり
味付け、色合い、栄養の3つのバランスを考える。

▶ お弁当のメニューを決める方法
基本的には前日の夜ご飯を多めに作ってそのままスライド。麺や鍋だったら、卵焼きなど簡単なものを作ったりスーパーのお惣菜に頼ったり。

▶ 2014/09/02
ちくわの磯辺揚げ弁当 秋

ご飯、ゆかり、たら昆布ふりかけ、ちくわの磯辺揚げ、じゃこ人参しりしり、かぼちゃナッツサラダ

人参しりしりって安上がりで栄養満点、ご飯に合って彩りよくて。ツナを使うレシピが多いけど、ツナは缶の処理がめんどいデス！　かぼちゃサラダはミックスナッツが入ってます。今日はカロテンたっぷり弁当だねー。

▶ 2014/09/23
豆ご飯弁当 秋

豆ご飯、豚肉のチンジャオロース風炒め、卵焼き、豆苗とニラとごま和え、みょうがの甘酢漬け

豚肉とじゃがいもと人参なので"チンジャオロース風"とつけた。オイスターソースと塩こしょうを適当に入れるだけなのにちゃんとそれっぽくておいしい！

▶ 2014/09/25
スパイシーハンバーグ弁当　秋

ご飯、松前漬け、ハンバーグとエリンギのスパイシー炒め、人参しりしり、きんぴらごぼう、みょうがの甘酢漬け

工房アイザワのお弁当箱買っちゃった！　わっぱも欲しかったんだけど、食器乾燥機を使えないのがネック。ハンバーグとエリンギのスパイシー炒めは、マルシンハンバーグとエリンギを塩とこしょうたっぷりで炒めただけ。こしょうたっぷり＝スパイシー（笑）。

▶ 2014/09/26
ガパオライス弁当　秋

ガパオライス、ゆで卵、ほうれん草のナムル、みょうがの甘酢漬け

ナンプラーを初購入。ナンプラーと言えばやっぱりガパオライスよね、と。近所のスーパーに生バジルがなかったので粉末バジル使用。でも鶏ももひき肉は奇跡的にあった！　どうせないもの、と期待しないで鶏もも肉を小さめに切るつもりだったの。

▶ 2014/10/17　フライング・バースデー弁当　

ご飯、牛焼き肉、カバはんぺん、紅白なます、鮭フレーク、海苔

カバ男氏、明日誕生日なの。でも明日って土曜で弁当ないしなー、つまんないなーということでフライング・バースデーだドン！カバはんぺんは、はんぺんをカバの型抜きですっぽんと抜いてマヨネーズ＋しょうゆを塗り塗り、とうがらしをかけて、トースターでこんがり焼いたものー。撮影にモタモタしてたらあっという間にフニャフニャだよ！キャラ弁とか無理です。作ってる人すごすぎるわ。

▶ 2014/10/30 ｜ 秋鮭のフライ弁当

わかめご飯、秋鮭のフライ、バジルチーズポテト、キャロットラペ、豆苗のごま和え

カバ子もカバ男もそんなに魚好きではない。かといって肉肉肉ばっかりじゃー、だめよーだめだめだから週に2回は魚を取るように、半分義務的に食べてます。さんまや鮎は好きだけど、時期もあるし。のどぐろやムツも好きだけど、べらぼーに高いし。さらに、さばくのが面倒なのと、骨があるとお弁当に入れにくいのでどうしても切り身になってる鮭、たら、さばが多くなるのよー。

▶ 2014/11/25 ｜ れんこんのはさみ焼き弁当

ご飯、とろろ昆布、ゆかり、れんこんのはさみ焼き、しいたけのバター焼き、きゅうりとわかめの酢の物、ゆず

れんこんの挟み焼きはたぶん初挑戦なのよー。食べるのは好きだけど作るのはめんどくさそうだなーって敬遠してたのよ。でも意外と簡単。タネがゆるめだから菜箸でがーっと混ぜたし手も汚れなかったしねー。おいしかったからまた作るわよー。とろろ昆布は、カバ男氏が週末に行ってた悪友の結婚式の引き出物なのよー。確か"よろこんぶセット"だったわよー。

▶ 2014/12/02
ぶりご飯弁当

▶ 2014/12/03
揚げシュウマイ弁当

冬

ぶりご飯、チーちく、きのこのバター焼き、きゅうりのごま酢漬け

ぶりご飯は前日夜ご飯とおんなじ照り焼きをほぐして、大葉と炒りごまを散らしたもの。そのまま入れてもよかったんだけどさ、ほらほぐすと量が増えて見えるじゃない！ちくわさんはあともう1品ってときに便利ネー。中に詰めるものもチーズ、きゅうり、かつおぶし、梅肉、なんでもありだし。

赤米入りご飯、ちりめん昆布山椒佃煮、とろろ昆布、揚げシュウマイ2種（えび、豚）、ごぼうと人参の唐揚げ、水菜のおかかひたし、五郎島金時のはちみつ煮

ごぼうと人参の唐揚げは、鶏肉の唐揚げと同様にしょうゆ、酒と少量のにんにく、しょうがでしばらく漬け込んで、揚げる直前にざるに空け、片栗粉まぶして、油でジュン・ジュワー。軽く塩をしていただきマンモス。ウ・マ・イ！

▶ 2014/12/04
ポークチャップ弁当

▶ 2014/12/09
赤魚の漬け焼き弁当

冬

もち麦ご飯、ちりめん昆布山椒佃煮、ゆかり、減塩昆布、ポークチャップ、野菜のコンソメソテー、半熟ゆで卵、さつまいものはちみつ煮

ポークチャップはこま切れ肉をおいしく食べるためにある料理だと思ってマス。作り方。肉にこしょうたっぷりと、小麦粉をふり、油を少し引いて焼く。肉が9割焼けたら油をキッチンペーパーで吸い取って、ケチャップとソースを4:1ぐらいの割合でかけ、また少し炒めて完成！

もち麦ご飯、きゃらぶき、赤魚の漬け焼き、青のり卵焼き、さつまいもの塩バター焼き、きゅうりとわかめの酢の物

しょうゆ、酒、みりん、砂糖少々、しょうがが少々で一晩放置した赤魚。味付けがうまくいっておいしかったです。昨夜はカバ男氏のご飯茶わんを落として割っちゃった。初めての夫婦茶わんなのに……。やっぱ、いくら「腹減ったー」「あと何分ー？ もうできるー？」と聞かれても平常心でやれってことよね。

▶ 2014/12/10 ソースハムかつ弁当

赤米ご飯、ソースハムかつ（お惣菜）、焼きねぎのおかかびたし、キャロットラペ風、きゃらぶき

キャロットラペ風は、イタリアンドレッシング＋寿司酢で和えて一晩ほっといたもの。すっぱくて揚げものにはぴったりな副菜。ラペっぽいのは見た目だけ。あくまで"風"だから何でもアリさ。

▶ 2014/12/11
おにぎらず弁当

おにぎらず（ウインナー、半熟スクランブルエッグ、塩、マヨネーズ。れんこん、ねぎ、塩、バジル、こしょう、オリーブオイル）

おにぎらずと言えば、お手軽さが売りなんだろうけどいつものオベントーもズボラしてるせいか所要時間大して変わらないという……。思ったよりも具がたくさん入るのがイイネ！

▶ 2014/12/15
鶏肉の辛みそ漬け焼き弁当

赤米高きび入りご飯、鶏むね肉の辛みそ漬け焼き、白菜のナムル、なすの焼きびたし、福神漬け

辛みそ漬け焼きは「とり野菜みそピリ辛味」、みりん、砂糖、酒、ごま油で。漬けるときはごま油を少し混ぜると全体になじんで、焦げつきにくくなるのよー。でも入れすぎると味がなじみにくいから少量。焼くときも少量ひくのよー。

▶ 2014/12/19
かにシュウマイ弁当

▶ 2014/12/23
肉巻きこんにゃく弁当

冬

高きびご飯、昆布佃煮、かにシュウマイ（市販品）、だし巻き卵、紅白なます、モロッコいんげんの炒めごま和え

今日のデスクの下からはなますの匂いがプンプン！　大根ってさ、今まで匂うものっていう認識なかったんだけど漬け物にしようが煮ようが匂うんだから意外とテロ食材なんだなと。年頃の子なら嫌がってもしゃーないぐらいのなかなかのストロングスメルですよ、これは。

もち麦ご飯、わさびふりかけ、肉巻きこんにゃく、ねぎ入りだし巻き卵、大根のゆかり酢漬け、まいたけのカレーマヨ和え

こんにゃくはちぎれない程度に隠し包丁をこれでもかと仕込み、豚バラの両面に片栗粉をふって巻き巻き。味付けは酒2、しょうゆ2、みりん1、砂糖1の割合。この時期、オベントーに豚バラ入れると食べる頃にはお肉の脂コッテリアンになるから使いにくいんだけどこれはいいわ。

▶ 2014/12/25 | ## 唐揚げ弁当

冬

とうもろこしご飯、唐揚げ（セブンイレブン）、かにシュウマイ（冷凍）、大根のコンソメステーキ、ピーマンソテー、みかん

カバんちではレアキャラな唐揚げ！　前日のクリスマスディナーは、オベントーに回せないメニューばかりなことに気づきまして。どうすっぺ、でも買い物は行きたくないしー、ということでセブンイレブンに突撃してきました。唐揚げと、ふと思い立ったとうもろこしご飯用の冷凍コーンも買い。だから今日のオベントー、別名"セブンイレブン弁当"！

12 うちくるくるさん
UCHIKURUKURU

お弁当作りを開始する時間	お弁当作りにかかる時間
6時半〜7時	30分〜40分

▶「うちくるくるお弁当雑記 めざせ！ 女子高生の可愛いお弁当♪」
http://uchikurukuru.blog.fc2.com/

女子高生のためのかわいいカフェ弁を目指しています。

娘が高校生になり始まった恐怖のお弁当作り！苦手意識を克服するために女子高生の娘の毎日のお弁当レシピをブログに記録することから始めました。最近では、すっかりお料理の魅力や奥深さにはまってます。高校生らしいかわいくてちょっと大人のカフェ弁を目指しています。40代、山梨在住、自営手伝い。

▶ お弁当へのこだわり
旬のものを取り入れて、彩り・バランスよく。かわいくおしゃれに。季節や気温に合わせランチジャー・スープジャーを使って、おいしく食べてもらえるように。

▶ お弁当のメニューを決める方法
特売品や旬のものはもちろん、新しい食材・新製品にチャレンジ。

▶ 2014/04/18

15分で♪ なすたっぷり肉みそのジャージャー麺

春

なすたっぷり肉みそのジャージャー麺、デコポン、ブルーベリー

暖かくなってくると、こんなメニューが食べたくなります。寝坊した朝にも、簡単15分で手早く作れるジャージャー麺はおすすめです。我が家では肉みそになすを入れるのが定番です。なす嫌いの娘もこれならパクパク食べてくれます。甜麺醤を多めに入れるとおいしいです。中華麺は時間がたってもくっつかないように、ヘルシーなオリーブオイルをたっぷり入れてゆでています。

▶ 2014/04/25

春キャベツで♪ チーズ in キャベツメンチボール

チーズ in キャベツメンチボール、ガーリックバゲット、クリームチーズ、プチトマト（アイコ）、スライスチェダー、サラダほうれん草

春キャベツで野菜たっぷりメニュー。牛豚ひき肉と春キャベツは1対1の割合。ふわふわで、軽くて食べやすく、チーズinで子供にも大好評です。

▶ 2014/05/02

塩唐揚げにレモンたっぷり！

塩唐揚げ、レモン、スティック大学芋、明太マヨサラスパ、混ぜ混ぜ焼き鮭おにぎり

塩唐揚げにレモンをたっぷり絞って食べたい〜！ という娘のリクエストに応えて。簡単スティック大学芋を添えました。「カンピー」の柔らかビニールボトル入りの水あめ、便利です。

▶ 2014/06/04

フライパンで簡単★お弁当用 miniミートローフ

簡単フライパンでminiお弁当用ミートローフ、りんごとはちみつのポテトサラダ、さくらんぼ、お花の漬け物ご飯

ひき肉にゼラチンを混ぜ、ゆで卵を入れて成形したらクッキングペーパーで包み、筒状に成形。アルミホイル2枚でさらに巻き、フライパンに蓋をして、弱火より少し強めで15分！ ゼラチン効果で、冷めても柔らかジューシー、お弁当に最適です。

▶ 2014/06/23

そばいなりと 3色いなり寿司のお弁当

そばいなり、3色いなり寿司、オレンジ

そばいなりは、いなり寿司の酢飯の代わりにおそばを入れます。ねぎとわさびをのせ、しょうゆか麺つゆをかけていただきます。そうめんに、ねぎ・みょうが・生姜などをのせた「そうめん稲荷」もおいしくておすすめです。

▶ 2014/07/17

えびとサーモンの押し寿司でお弁当

えびとサーモンの押し寿司、さば竜田揚げ、ピオーネ、アイコ

暑いときに傷みやすいお弁当。そんなときは酢の効いたさっぱり押し寿司のお弁当がおすすめです。お弁当箱をそのまま押し型に使うからぴったり詰められて美しく仕上がります。2段のお弁当箱の大きいほうにラップを敷き具を敷き詰めたら、酢飯を入れます。小さなお弁当箱でぎゅっと押さえれば出来上がり。食べやすい大きさに切って詰めるだけ。具は、えび・サーモン・ツナ・甘い卵焼き。塩こしょう、マヨネーズで味付けです。

▶ 2014/08/07

和風オレンジバターソース照り焼きチキン丼

和風オレンジバターソース♪　照り焼きチキン丼

「サンキスト・シトラス☆初夏のさわやかレシピコンテスト」でグランプリ受賞したレシピです。鶏もも肉を皮のままオリーブオイルでカリッとこんがり焼いたら、オレンジをたっぷり絞って、仕上げにしょうゆ、砂糖、バター。暑い夏にさっぱり涼しいオレンジの香りが嬉しい。

▶ 2014/08/28

しらたき豆ご飯でダイエットメニュー

しらたき豆ご飯で豚バラ肉丼、おからポテトサラダ

今日は久々のダイエットメニュー。人気のしらたき入りご飯に挑戦しました。ギャル曽根さんもレシピを公開しています。口コミ通り、コンニャクが入っていることが全然わからず、パパも娘もびっくり（笑）。普通のご飯みたいにおいしいですよ～♪

▶ 2014/09/10

信田巻き風おいなりロール

信田巻き風おいなりロール、ぶどう2種

甘辛く煮込んだ油揚げで巻いた、信田巻き風太巻き寿司。「まきす」が苦手な方はサランラップで巻くと簡単♪ 楽ちん。今日は甘い卵焼き・ほうれん草・人参、牛カルビを入れました。具材は濃いめの味にするとおいしいです。

▶ 2014/09/24

炊飯器で★甘納豆のお赤飯

甘納豆のお赤飯、たらのマヨフライ、ポテトサラダ

今日は主人の誕生日なので、朝からお赤飯。炊飯器で簡単甘納豆のお赤飯です。山梨は、赤飯に甘納豆を入れて食べるのが一般的。スーパーの店頭に並ぶのも、和菓子屋での注文販売も、すべて甘納豆のお赤飯です。おいしいですよ～！

▶ 2014/09/29

ガーリックトーストでバゲットサンド

ガーリックトーストバゲットサンド

サンドイッチのお弁当。時間が経つと、パンがしんなりべちょっとするのが難点ですよね。そんなときは焼いたパンをサンドイッチにするといいというシェフの声を聞いたので今日はガーリックトーストで作ってみました。ぱりっと、おいしくできました～！

▶ 2014/09/30

サイコロスパムちらしでカフェ弁

サイコロスパムちらし、チューリップ唐揚げ

今日は簡単サイコロスパムちらし。スパムはサイコロ状に切って、フライパンでコロコロ炒めたらこしょうをかけ、すし太郎の酢飯にのせるだけ。これが、カリッじゅわっ～と美味。我が家の人気メニューのひとつです。

▶ 2014/10/15

最小限の材料で♪
鶏飯れんこん丼

鶏飯れんこん丼、りんご

秋

鶏むね肉はそぎ切りにしたら水に10分ほど漬けてから焼きました。最近TVでも紹介されていますが、水を含んだ鶏肉は調理すると柔らかくしっとりジューシーな口当たりになるそうです。このひと手間で、冷めてもお弁当のおいしさupです。

▶ 2014/10/17

ハロウィンに♪ 黒猫おにぎり

黒猫おにぎり、ジョンソンヴィルソーセージ

たまにはこんなのもいいかなと黒猫に初挑戦。頭の部分をうまく成形し、刻んだ海苔を貼り付けます。チーズやハムを、型やストローで型抜きしマヨネーズで貼り付けます。ひげは、パスタを油を敷いたフライパンで焼いたものです。ハロウィンにおすすめのお弁当です(*^^)v

▶ 2014/10/25

旬の秋鮭で♪
イタリアンサーモンフライ

イタリアンサーモンフライ、ラディッシュ、いんげん

今年初の秋鮭。去年は、娘の送ってきた、つかみ取りの秋鮭の下処理に大変な目にあったのを思い出しました(笑)。切り身は、塩こしょうしパセリを混ぜたパン粉でカラッと揚げています。お好みで、チーズ粉を混ぜてね。

▶ 2014/10/30

ほたての水煮で
炊き込み卵めしのお弁当

えびとそうめんチャンプルーの生春巻き、ほたての水煮で炊き込み卵めし

パパの大好きなほたての炊き込みご飯です！ しょうゆ、酒、みりん、鰹だし、ほたては汁ごと、えのきを加えて炊きました。ほたて缶でもOK、ほたてのうまみがおいしくおすすめです。

▶ 2014/11/13
牛タンおにぎりのお弁当

牛タンおにぎり、ホースラディッシュ添え、アスパラ、グレープフルーツルビー

お弁当に牛タンは、ちょっと贅沢かな〜と、思いつつ……。今朝も早くから登校、頑張っている娘に大好物の牛タン弁当です。ホースラディッシュを添えて……。最近チューブ入りも売っていて手軽に買えて便利ですね。

▶ 2014/12/02
白菜とれんこん肉だんごの中華スープ弁当

白菜とれんこん肉だんごの中華スープ、シャウエッセンチャーハン、アメーラトマト

今年もスープジャーの季節になりました。急に寒くなってきたので、旬の白菜とれんこんを使って温まるメニューを作りました。お弁当には、娘の好きな春雨を入れて中華風に。そしてシャウエッセンチャーハン。

▶ 2014/12/19
ランチジャーで★
白菜と豚バラのミルフィーユ

ランチジャーで★白菜と豚バラのミルフィーユ、フジッリ卵サラダ、えびフライ

ランチジャーの季節になると必ず作る、白菜と豚バラのミルフィーユは、娘の大好物。白菜に豚バラを挟んで、ランチジャーの深さに切ります。最後に豚バラでぎゅぎゅっと巻いたら爪楊枝で留め、コンソメスープでコトコト〜♪

▶ お弁当での失敗談　　**EPISODE 9**

まるごとオレンジゼリーの話。くり抜いたオレンジに、溶かしたゼラチンと果肉を詰めて冷やして完成。家庭菜園のミントを飾ってとってもおしゃれなゼリーに仕上がりました。お弁当に持たせると、あらら〜皮だけ、中身がない!?　ゼラチンは常温で溶けるのでゼリーは溶けて流れ出ちゃったみたい（笑）。お弁当のゼリーは常温OKの「アガー（寒天の一種）」で作るのがベストらしいです（笑）。

13 ぬまさん
NUMA

お弁当作りを開始する時間	お弁当作りにかかる時間
6時(夏はもう15〜30分早めに作り出して、しっかりおかずやご飯を冷ます)	30分

「ぬま食堂」 http://numasyoku.exblog.jp/

お弁当歴は7年。季節の野菜を使い、彩りよく。

事務職、30代後半女、埼玉県在住。結婚5年目で子供が1人がいます。お弁当歴7年です。今は産休中ですが、出勤中は毎日作っています。独身の頃から節約のために、夜ご飯を多めに作って詰めるような、簡単なお弁当から作り始めて、次第に凝るようになりました。夫は営業で外食が多いので、内勤でお弁当を食べられるような日だけ、夫の分も作ってます。

▶ お弁当へのこだわり
野菜多めで彩りよく。週末に作る常備菜と前日夜の下ごしらえで、お弁当作りの時間短縮。

▶ お弁当のメニューを決める方法
季節の野菜を使うこと。週末は体力が切れて、麺だとかの簡単弁当が多い気がします。

▶ 2013/12/17　ロースかつ弁当　冬

ロースかつ、卵焼き、ほうれん草のサラダ、じゃことわかめのピリ辛炒め、ご飯

久しぶりにちゃんと作ったお弁当。前日からかつのお肉を塩麹に漬けておいたのでしっかり目の味付けです。通勤電車からごくたまに富士山が見えるときがあります。ものすごく得した気分になって今日はツイてる！頑張るぞ！　と思うのであります。

▶ 2014/02/24 | かにご飯弁当

かに缶の炊き込みご飯、鶏の唐揚げ、中華サラダ、豆とアンチョビのマカロニサラダ

ソチオリンピック、終わってしまいましたねー。歳のせいか涙もろくなってしまったようで、総集編を見る度に感動して泣いてしまいます。みんなが金メダルを目指すから、メダルよりもっと大切なものが見えてくるのでしょうか。よいものを見せてもらいました＾＾

▶ 2014/02/13 | のり弁当

焼鮭、ピーマンのごま和え、高野豆腐ときくらげの煮物、卵焼き、ミニトマト、ご飯、おかかしょうゆ、のり

スティーブンキングの映画「キャリー」を観たいなーと思っていたら、帰宅した夫が「きゃりー借りてきちゃった」と言うではないですか！ 以心伝心ー！ と派手に喜んでいたら恥ずかしそうに「きゃりーぱみゅぱみゅのCDだけど」と。今夜は映画のDVDを借りて帰ろうと思います。

▶ 2014/03/04
ちらし寿司弁当

ちらし寿司、かぼちゃの煮付け、ミニトマト、いかゲソと厚揚げの煮物

昨日は妊婦健診に行き、子供が男子ということが判明しました。私自身は女系の家に育ってきたのでとてもとてもびっくりしました。いとこも女性が多いので男の子子育てのイメージがわきません。男子といったらしょうが焼きとカレーとハンバーグ？（安易）

▶ 2014/03/17
海南鶏飯弁当

海南鶏飯、トマト、ひじきとツナの甘酢サラダ

本日は早退して妊婦健診です。恐怖の体重測定が……ドキドキ。仕事もたくさんあるので気合いを入れて行ってきます!!

▶ 2014/04/22
ウインナー弁当

ウインナー、ズッキーニ、うずらの卵、ミニトマト、人参しりしり、玄米ご飯

お弁当を詰めるのに非常に困るおかずばかりで、悩んだ挙句に整列させてしまいました。たまにはこんなのもね。

▶ 2014/05/02
サンキュー弁当

行者にんにくソーセージ、かぼちゃの煮付け、ねぎ入り卵焼き、わかめときゅうりの酢の物、ミニトマト、ご飯、梅干し、白ごま

明日より産休に入るので、かれこれ7年くらい続けていた自分のお弁当作りはいったんお休み。入院することもなく8か月になるまで元気に働き続けられてよかったです。1年後、復職できるといいなぁ。

▶ 2014/06/11
助六弁当

サラダ巻き、おいなりさん、新しょうがの甘酢漬け

お揚げは黒糖を使って炊いて、それとえびのサラダ巻き。赤ちゃんは37週の正産期に入り、推定体重3500g。「みんな待ってるから早く出てきてね。」と言い聞かせていますが、まだまだ出る気がないご様子。夜な夜なひとりパジャマパーティーを繰り広げ、人のお腹の中で暴れています。

▶ 2014/06/13
サンドイッチ弁当

パストラミとチーズ、えび玉、アーモンドバターサンドイッチ、ボーノチーズ（チェダー・モッツァレラ）

今日はいただき物のパストラミで珍しく豪華サンドイッチ。そして、これまた姫路のお土産でいただいたアーモンドバターがおいしいのです。ご当地物だそうで、喫茶店などに行くと普通にこれが塗られたパンが出てくるらしいですよー。関東でも扱ってればよいのにな。

▶ 2014/08/22
鶏とさつまいもの
オイスターソース炒め弁当

鶏むね肉とさつまいものオイスターソース炒め、ミニトマト、きゅうりとレタスの浅漬け、卵焼き、ご飯、黒ごま、梅干し

約2か月ぶりにお弁当を作りました。日常だなぁ。先日の出産報告にたくさんのお祝いコメントをありがとうございました。

▶ 2014/08/27
ふつう弁当

ウインナー、しめじとピーマンソテー、卵焼き、ひじき煮、かぼちゃの煮付け、ご飯、梅干し、白ごま

普通が一番ですかね。こういうお弁当も好きです。入院をしていたので、W杯の決勝がいつの間にか終わっていました。出産後もエアコンの効いた室内にずっと赤ちゃんとこもっていたので、夏をワープしてしまった感じがします。少しさみしい。

▶ 2014/08/28

豚となすとピーマンの
カレーマヨ炒め弁当

豚小間となすとピーマンのカレーマヨ炒め、卵焼き、人参ナムル、さつまいものレモン煮、ご飯、梅干し、黒ごま

豚小間となすとピーマンのカレーマヨ炒めは、名は体を表すの通りです。塩こしょう、みりん少々、カレー粉、マヨネーズで味付け。聖飢魔Ⅱの『蝋人形の館』が、赤ちゃんの泣き止む歌で有名なんだそうなので、我が家の息子にも聞かせてみたら、本当に泣き止みました！

▶ 2014/09/10

秋のうま煮弁当

うま煮、卵焼き、ウインナー、もやしの中華和え、ミニトマト、鮭フレークの混ぜご飯、ゆかり

タイトルに筑前煮かうま煮をつけるかで悩み、google先生に聞いてみました。うま煮のほうが、いろいろな肉や野菜を使えるので懐が深い感じ。今回の煮物は、まいたけとさつまいもが入っているのでうま煮と呼ぼうか。

▶ 2014/09/18

ジャンバラヤ弁当

ジャンバラヤご飯、タンドリーチキン、ほうれん草ソテー、ミニトマト

ジャンバラヤ、スパイシーでピリ辛です。授乳中の私は食べないけどー。とほー。鶏もも肉をヨーグルトと塩、にんにくスライス、カレー粉で一晩漬けた、タンドリーチキンも添えました。

▶ 2014/11/11

かじきの西京漬け弁当

かじきの西京漬け、卵焼き、甘長とうがらし焼き、叩きごぼう、三浦大根の甘酢漬け、さつまいもご飯

歯科に行ったら、案の定虫歯になってました。次回から赤ちゃんを連れてきたらと先生がおっしゃるので、おそるおそる息子を連れていくと、私のお腹に息子を座らせたまま、椅子を倒して治療してくれました。ありがたいなぁ。

▶ 2014/11/19
栗ご飯弁当

栗ご飯、めざし、卵焼き、人参きんぴら、ほうれん草のおひたし、三浦大根の甘酢漬け

息子は4か月になりました。さみしくなってひーんと泣くと、大人が飛んできていい身分だね、などと思ったりもしますが、泣いて訴えるしかない、彼もとても大変なのでできるだけよくしてあげようと思います。

▶ 2014/11/17
新米弁当

プルコギ、甘辛長とうがらし焼き、人参きんぴら、卵焼き、三浦大根の甘酢漬け、ご飯、白ごま

コストコのプルコギに新米。今年もいただいた新米。うんまい。はーしあわせー。土曜日の歯科で、息子は初めてのアンパンマンとの出会いを果たしましたが、まだあまり興味がなさそうです。アンパンマンは子供の神だそうですね。いつから大好きになるんだろう？

▶ 2014/12/18
ハムステーキ弁当

ハムステーキ、半月卵の照り焼き、人参とコーンのサラダ、ほうれん草のおひたし、赤かぶの甘酢漬け、ご飯、白ごま

いただき物のハムでステーキ。半月卵は市販品の「十勝豚丼のたれ」で照り焼きにしてます。豚丼も作ってみましたが、みたらしだんごのような味で甘めでした。

▶ お弁当での失敗談　EPISODE 10

カレー弁当にらっきょう漬けを入れたら、激しい匂いで蓋を開けた瞬間、同僚みんなに「らっきょう入ってる?!」と聞かれました。それ以来、カレーのお供は福神漬けにしています。

14 にゃんこまさん
NYANKOMA

お弁当作りを開始する時間	お弁当作りにかかる時間
目標は朝6時 (起きられなくて、 6時半くらいになることも)	20〜40分

▶ 「ねこじた」 http://yaplog.jp/koma2805/

仙台在住の50代専業主婦。ひとり娘が結婚して、夫とふたり暮らし。夫のお弁当を、毎日作っています。冷めてもおいしい、というか、冷めてこそおいしいお弁当が目標です。蓋を開けた瞬間「おいしそう！」と思える、「受けるお弁当」を心がけています。夫のお弁当ですが、結局自分が食べたいものを作っています。

夫のために冷めてこそおいしいお弁当を。

▶ お弁当へのこだわり
小林カツ代さんの本がバイブル。食べ応えと満足感は残しつつ、でもなるべくカロリーを減らしています。

▶ お弁当のメニューを決める方法
まずメインとその味付けを考えます。メインが濃い味付けだったら副菜は薄味にとか、メインがしょうゆ味だったら副菜は塩味にとか、パズルを組むような感覚で楽しんでいます。

▶ 2014/01/27 久しぶりの娘のお弁当

のり弁当、塩鮭、ねぎ入り卵焼き、紅芯大根ひと塩、小松菜ごまあえ、れんこんと人参、干しいたけの煮物、金柑甘煮、さつまいも甘煮、プチトマト

この週末は、娘が帰ってきていて、まあ、栄養を補給したり、こんこんと昼寝をしていたり、だったのですが、夜になったら熱を出しまして。「のどが痛い、身体も痛い」と。風邪です。じゃあ、今夜はうちに泊まって。明日の朝は送ってくからっ！（甘い親）　今朝は、そういうわけで、数年ぶりに娘のお弁当を作りました。いそいそ。なんかもう、頑張っちゃいました〜。

▶ 2014/01/28

助六弁当

中巻き、いなり寿司、紅芯大根ひと塩、かまぼこ串、きゅうり串、かにカマと卵焼き、きゅうり、しいたけの煮たのなど

昨日お弁当を作った時点では、娘は仕事に行けるだろうと思っていたわけです。でも、お弁当ができあがった頃には具合が悪くて、仕事は無理だろうとなりました。そして昨夜は39℃の大熱。つまりまだ家にいて、寝ております。土曜日には、東京で「顔合わせの会」がありまして、私たち夫婦も出て行く予定なのですけど……その頃だと私が風邪ひいて発熱するタイミング。わー。熱、出ませんように。おいしいものがちゃんと食べられますように（そっち？）。さて、お弁当は「助六弁当」です。ネタが切れたらのり巻き！ しいたけと卵は前の晩に準備。油揚げも、晩ご飯の前に煮ました。酢飯はインスタントの「素」を使っています。

▶ 2014/02/06

しっとり二色弁当、みそ汁付き

しっとり鶏そぼろ、炒り卵、菜の花おひたし、野菜たっぷりみそ汁

いつまでも寝ていたい！ ってのがなくなったのは、さて、いつ頃だったかしら？ 寝ていたくても、起きちゃうんですよ。お弁当も、あまり無理して作っているわけではなくて、「なんか早く目が覚めちゃったからお弁当でも作っとくか」ってところから始まったのです。さて、今日のしっとり鶏そぼろは、辰巳芳子さんのオリジナル。最後に片栗粉小さじ1を水小さじ1で溶かしてナベに入れて、とろみを出します。最後の片栗粉で、ぐっと食べやすくなりますよ。

▶ 2014/03/03
野菜のちらし寿司弁当

鳳凰人参、扇きゅうり、卵焼き、凍み豆腐煮、しいたけ甘煮、りんご

今日はひな祭り。娘が来週来ることになったので、我が家のいつものちらし寿司は、そのとき作ることにして、今日は野菜で作るちらし寿司です。お魚は入っていません（お昼に食べたら、ちょっと味がもの足りませんでした。やっぱり魚のそぼろくらいは欲しかったかな）。

▶ 2014/03/05
変わり幕の内弁当

変わり幕の内ご飯、肉だんご（市販品）、卵焼き、人参煮、芽キャベツのペペロンチーノ

幕の内ご飯は、黒ごま塩の代わりに梅しそ、しば漬けの刻んだものをのせています。芽キャベツは固めにゆでて、オリーブオイル、にんにく少し、とうがらしを入れたフライパンで炒め、塩こしょうで味付けします。焦げたところがおいしいの！

▶ 2014/03/06
母の誕生日

今日は亡くなった母の誕生日。もう何十年も前、受験生だった春、母がしんみりと言ったんです。「なんにもしてあげられなかったわねえ」と。私が、よその大学に行って、家を離れると思ったのでしょう。それを聞いて私が思ったのは「はぁ？ 何言ってんの？ 仕事で忙しいのに、3年間毎日お弁当を作ってくれたじゃないの！」
……でも反抗期まっさかりな18歳、それを声には出しませんでした。考えただけ。そして母が倒れたのは、その数日後でした。あの日、どんな言い方でもいいから、声に出して言っておけばよかったなあ。3年間ありがとうって。
……と、まあ、そんなことを考えながら、毎日台所でお弁当を詰めたりしているわけです。お母さん、お誕生日おめでとう。今日はサボったけど、いつもお母さんのお弁当を思い出しながら作ってるよ。ありがとう。

▶ 2014/03/10

助六弁当

いなり寿司、中太巻き寿司、鶏手羽焼き、スナップえんどう、プチトマト、金柑

娘が家に帰っていて、3月末まで一緒なので楽しいです。なんだか笑ってばかりいるような気がします。4月には東京に行っちゃうけど、だからこそ楽しく、明るく。こんな風に毎日お弁当を作ってあげられるのは、これで最後だと思うので、気合いが入っちゃいます。

▶ 2014/03/28

大定番のお弁当

たけのこご飯、鶏唐揚げ、卵焼き、きゅうり即席みそ漬け、がんもどきと人参の煮物

卵焼きに鶏から、ブロッコリー。「大・定・番！」な、お弁当。
……娘が小さいとき、台所でご飯を作る私に、よく聞いたものです。「それって楽しい？」私はいつも「楽しいよぉ」と答えていました。料理はほんとに楽しいですもの。娘は、料理の好きな人になるのかな、どうかな。
娘にお弁当を作るのは、今日で最後です。娘は、もうお勤めもしているオトナなのにどうにも親バカで、最後だと思ったら、一生懸命、必死で作ってしまいました。思いがけなく楽しい3週間をもらってたくさん感謝したい気持ちです。ありがとうございました。

▶ 2014/05/14

甘酢だんごとみそ炒り卵の
お弁当

甘酢だんご、わらびのおひたし、こんにゃくのしょうゆ焼き、人参漬け物（既製品）、紅しょうが

甘酢だんごは、ゆうべのうちに肉だんごを作っておいて、朝、炒め直して味付けします。炒り卵は、みそ味。卵2個に、みそ大さじ1くらいかな。それと、砂糖小さじ1。みそ味の炒り卵、香ばしくておいしいですよ。

▶ 2014/06/13

和風いろいろ弁当

アスパラの肉巻き、七菜きんちゃく（冷凍）、かぶと人参のみそ漬け、スナップえんどう、茜姫

昨日は、強い雨が一日中降っていましたが、その中を着付け教室に行きました。自分えらい！　とはいうものの、雨でも着物で歩くのは、あれこれ予防さえしていれば意外とダイジョーブなんですよ（と、昨日先生に習った）。

▶ 2014/06/20

新品のお弁当箱で塩麹鶏弁当

鶏の塩麹焼き、卵焼き、かぶとレモンのひと塩、オクラ、ラタトゥイユ

しばらく前にお願いしていた漆のお弁当箱の修理ができてきました。漆塗の「郷自然工房」さん。お寺の修理もなさってるけど、お弁当箱みたいな小さいものも、快く引き受けてくれますよ。大事に使わせていただきます。

▶ 2014/07/01

鶏つくねとししとうのお弁当

鶏つくね、ししとう揚げ、人参煮、プチトマト、長芋のしょうゆいため

つくねとししとうは、一緒に揚げて、つくねだけみりんとしょうゆと片栗粉のナベにほうり込み、しょうゆあんをからめます。ししとうは、つくねと同じにはせず、塩を少しふって、そのまま冷ましてお弁当に。

▶ 2014/09/09
うにご飯弁当

うにご飯、人参サラダ、枝豆入りひろうす、野菜たっぷりスープ

今日のお弁当は「うにご飯弁当」です。うは〜。うにご飯の素は、三陸中村家らしいですよ。義母が送ってくれました。野菜たっぷりスープは、鍋で温めて、ポットに入れています。

▶ 204/10/01
牛丼弁当

牛丼

今日は「牛丼弁当」。今日の牛丼は、レモンステーキの残りで作りました。レモンステーキは、牛こま肉300gくらいをフライパンで炒めて、レモンとしょうゆで味付けて、皿にのせます。フライパンに残ったレモンじょうゆをそのままにして、温かいご飯を投入、混ぜてからお皿にのせます。レモンの風味が、いいですよ。

▶ 2014/10/22
まぐろバーグ弁当

まぐろバーグ、菊花（もってのほか）、おひたし、ブロッコリー、卵焼き、れんこんきんぴら、ふりかけ、梅干し

冷凍のまぐろが中途半端に残っていてもったいないので、解凍してまぐろバーグにしてしまいました。紫の菊は「もってのほか」と言いまして、山形特産。歯ざわりがシャキシャキとおいしいですよ。

▶ 2014/10/30
鶏のくわ焼き弁当

鶏のくわ焼き、人参梅煮、黒豆、ブロッコリー、ふりかけと梅干し

鶏肉に小麦粉をまぶして焼くのがくわ焼きなんだって。薄切りにした鶏むね肉に、小麦粉をまぶして、油多めのフライパンで焼いて、火が通ったらおしょうゆとみりんで味付けします。

15 Kaorinさん
KAORIN

お弁当作りを開始する時間	お弁当作りにかかる時間
6時頃	20分くらい

➡ 「マーマレードキッチン♪」 http://marmaladekitchen.blog46.fc2.com/

料理とワンコが趣味の都内在住OLです。仕事は料理とは全く関係ない、非食品の商品企画をしています。元々は節約のために始めたお弁当ですが、今は朝ご飯とセットで、楽しく作っています。無理しないをモットーに、フルタイムOLでもできる範囲で料理を楽しんでいます。

フルーツと手作りデザートを添えています♪

▶ お弁当へのこだわり
基本は4品のおかず。たんぱく質は卵と魚かお肉を1品（これがメインになります）、あとの2品はお野菜のおかず。フルーツと手作りのデザートも極力添えるようにしています。

▶ お弁当のメニューを決める方法
家にある材料を組み合わせて考えます。

▶ 2014/01/07

七草ご飯弁当

冬

七草ご飯、かきとほうれん草のバターじょうゆ炒め、卵焼き、切り干し大根の煮物、ピーマンの塩昆布炒め、プチトマト、チーズケーキ、いちご

昨日は新年会で、家に着いたら11時半。そこからお風呂に入ったり、今日のお弁当の準備をしたりして、バタバタと寝仕度にかかったのですが、チワワのらん丸さんが寝ない〜！ 休み中は素直に寝てくれてたのに、帰りが遅かったので、しばらく遊びたかったみたいで、布団の中から30分ほどおもちゃを投げて遊んでから寝ました（笑）。さて、今日は七草粥を食べる日ですよねぇ〜ってことで、お弁当にも七草を。刻んで塩もみしただけですが、梅とごまをプラスしました。さっぱりご飯です。かきのバターしょうゆ炒めは美味〜。切り干し大根の煮物とピーマンの塩昆布炒め、卵焼きは、昨日家に帰ってきてから作りました。

▶ 2014/01/25

ドミグラ煮込み
ハンバーグ弁当

ドミグラソース煮込みハンバーグ、とろとろ目玉焼き、野菜のグリル、人参グラッセ

昨日のお弁当です。ハンバーグは煮込みハンバーグ。タネまで前日に作っておいて、朝焼いてから煮込みました。他は適当に焼くだけという、簡単弁当ですが、ハンバーグは偉大♪

▶ 2014/02/15

サーモンのり弁当

サーモンのゆずこしょう焼き、卵焼き、ちくわの磯辺揚げ、きんぴら（のりの下）、ピーマンの塩昆布炒め、ひじき煮、プチトマト、チョコケーキ

昨日のお弁当はのり弁♪ サーモンにはゆずこしょうもちょびっとつけてますが、これがおいしい♪

▶ 2014/02/17

青菜ご飯弁当

青菜ご飯、卵焼き、照り焼きチキン、切り干し大根煮物、ピーマンの塩昆布炒め、たらもサラダ、プチトマト、黒豆

照り焼きチキン以外は、全部前日です。地味〜な感じのおかずですが、こういうの好きです。

▶ 2014/03/10

中華弁当

チャーハン、シュウマイ、なすとピーマンの辛みそ炒め、プチトマトいちご、ブランデーケーキ

シュウマイは手作りです♪ ブランデーケーキは昨日焼いたもの♪

▶ 2014/03/26

たけのこご飯と天ぷら弁当

春

たけのこご飯、卵焼き、天ぷら（えび、たけのこ、ブロッコリー、まいたけ）、きんぴら、黒豆、プチトマト、いちごロールケーキ

天ぷらはおいしく揚がっていて、冷めてても◎
昨日のうちにたけのこご飯の具と卵焼きを準備しました。きんぴらは使い回し。ロールケーキは、生のいちごをこして作ったいちごソースを加えたので、本当に香りもよくておいしかった！

▶ 2014/04/01

豚のしょうが焼き丼弁当

春

しょうが焼き丼、スナップえんどうの卵とじ、なすとピーマンのみそ炒め、パセリポテト、プチトマト、パイナップル、桜餅

今日のお弁当は久々のしょうが焼き〜♪　やっぱりおいしい〜苦し紛れに人参とか飾ってみましたw　天気がよかったので、芝公園でランチ♪　桜がきれいでした〜。

▶ 2014/04/22
つくね串弁当

つくね串（常備菜アレンジ）、卵焼き、ほうれん草のごま和え（常備菜）、ひじき煮（常備菜）、黒豆、プチトマト、ロールケーキ

今日のお弁当は、卵焼き以外は常備菜から。朝はほんと楽です。

▶ 2014/05/08
スイスチャードおにぎり弁当

スイスチャードのおにぎり、塩昆布入り卵焼き、サーモンの竜田揚げ、切り干し大根の煮物、ポテサラ、黒豆、プチトマト、コーヒーゼリー、すいか

最近お気に入りの「スイスチャード」。茎がカラフル。ほうれん草の仲間らしくて、サラダで食べればとってもみずみずしくておいしいし、おひたしなんかでもいけます。

▶ 2014/06/16
しらすご飯と鶏ゆかり天弁当

しらすご飯、卵焼き、鶏ゆかり天、ひじき煮、オクラのごま和え、黒豆、プチトマト、パイナップル、ティラミス

今日のお弁当はしらすをたっぷりと。鶏天は、衣にゆかりを混ぜて梅風味に。さっぱりしていくらでも食べられますw

▶ 2014/06/23
なすびご飯弁当

なすびご飯、サーモンの塩麹漬け焼き、卵焼き、アスパラごま和え、きのこのバター炒め、黒豆、プチトマト、オレンジ

なすびご飯♪　なす1本とさつま揚げ1枚をごま油で炒め、水大さじ1、砂糖大さじ½、しょうゆ大さじ1、だしの素小さじ½を入れて煮たものを、白いご飯に混ぜます。

15:KAORIN

▶ 2014/07/17

えびチリ弁当

えびチリ卵焼き、きんぴら（常備菜）、ブロッコリーとコーンのフリッター、黒豆、プチトマト、オレンジ、コーヒーゼリー

今日のお弁当は、なんか組み合わせがめちゃくちゃなのですが、食べたいものばかり入ってるので満足弁当でした。えびチリもいい感じでしたが、ブロッコリーのフリッターが意外とよかった♪

▶ 2014/08/03

うな重弁当

うな重、ほうれん草と人参の白和え、野菜の煮物、プチトマト、オレンジトライフル

うなぎはもうちょっと照りをつければよかったなぁと反省。ご飯の中にもちゃんと入ってるので、豪華なお弁当でした〜。煮物もおいしかった♪

▶ 2014/09/10

焼きとうもろこし
おにぎり弁当

焼きとうもろこしおにぎり、卵焼き、つくねのり巻き、アスパラとベビーコーンの塩こしょう炒め、きんぴら、黒豆、プチトマト、プリン、マスカット＆グレープフルーツ

そろそろとうもろこしも終わりますかねぇ〜ってことで、とうもろこしご飯を炊きました。塩少々と、とうもろこしの芯も一緒に炊き込むのがポイント。ウマウマッ♪

▶ 2014/10/14
ど定番弁当

ささみの竜田揚げ、卵焼き、ほうれん草のごま和え、ひじき煮（常備菜）、黒豆、プチトマト、グレープフルーツ

昨日は、台風に備えて常備菜など作って家にこもっていました。いろいろ作れたので、今週は朝が楽かも。出番の多いおかずばかりですが、安心のお弁当w

▶ 2014/11/21
サーモンの
ゆずこしょう焼き弁当

サーモンのゆずこしょう焼き、卵焼き、いんげんのごま和え、こんにゃくとさつま揚げの煮物、黒豆、プチトマト、シャインマスカット

メインはメンチかつのはずだったのですが、ちょっと目を離した隙に焦がしてしまいました。泣く泣く冷凍庫に残っていたサーモンを焼きました。

▶ 2014/12/08
しそ巻き唐揚げ弁当

しそ巻き唐揚げ、卵焼き、いんげんのごま和え、かぼちゃの煮物、黒豆、プチトマト、いちご＆マスカット

お弁当のメインは定番の唐揚げをしそ巻きに。さっぱりして好き〜♪　なんか茶色いけど……かぼちゃの煮物もおいしかったです♪

▶ 2014/12/10
サンドイッチ弁当

BLTサンド、卵サンド、いちごクリームサンド、さつまいも、マスカット、キャロットジンジャースープ、プリン

今日のお弁当は、朝ご飯が和食だったので、お昼はパンってことで、サンドイッチ。久々のサンドイッチ弁当はおいしかった〜！

16 ゆけいさん
YUKEI

お弁当作りを開始する時間
朝4時10分頃

お弁当作りにかかる時間
写真を撮り終わるまでに
50分

▶「双子くん弁当」http://blog.livedoor.jp/twins_bento/

双子の男子高校生のためのボリューム弁当♪

関西在住でフリーイラストレーターをしつつ、夫と高校生の双子の息子たちと暮らしています。部活の朝練があるので朝は4時起きでお弁当を作ります。部活メインのふたりのために、ボリューム重視のお弁当と補食を土日の休みなく作っています。忙しい学校生活で楽しみな時間が増えるように、男子が好きそうなガッツリメニューを多めにしています。

▶ お弁当へのこだわり
肉をメインにする。夜までの部活に耐えられるように、補食も忘れずに。

▶ お弁当のメニューを決める方法
前日の夜に、頭に思い浮かんだメニュー。

▶ 2014/01/23 | ハンバーグ弁当

冬

ハンバーグ、シュウマイ、ブロッコリーと人参のすっぱサラダ、大根きんぴら、おにぎり（鮭、野沢菜＆ゆかり、昆布）、チョコパン

ハンバーグの焦げ具合がなぜこんなにも違うのか？？ 最初にフライパンに入れたものと後から入れたもので違うんですかね。モタモタ丸めてたからってことか……。スマッシュヒットは大根きんぴらです。元々、おいしい大根だったんだけど（実家の父が作ったの）、たまたま炒め具合が最適でカリカリしてて、偶然味付けが決まって、甘すぎず辛すぎず、一晩いたので、味もしみてます♪ いつも味付けは、超適当なのでもうこの味は出せない……。何を入れたのかさえ、思い出せない……。

▶ 2014/01/24　ねぎ豚

ねぎ豚焼き、焼き鮭、焼きシュウマイ、ブロッコリー入り卵焼き、おにぎり（ツナマヨ、じゃこ＆梅干し、鮭）、ハムチーズパン

昨日のおかずはみんな焼いたった〜。料理名に「焼き」を付けただけですが。パンは作りました。ハムとチーズとマヨネーズ味だから子供たちも好きな味。あっという間になくなります。食パンにジャム塗っただけとか、チョコ塗っただけとか息子たち、最近進んで食べなくなったな……贅沢ね。

▶ 2014/02/26　鶏肉のマスタードマヨ焼き弁当

鶏肉のマスタードマヨ焼き、豚肉のしょうが焼き、小松菜ごま和え、ゆでブロッコリー＆人参、ミニトマト、おにぎり（鮭＆じゃこ）、菓子パン

昨日は、メインがふたつも♪と、浮かれるほどのメニューじゃないか。どっちも100g98円肉だしね（笑）。最近の双子兄は、2時間目が終わるとすぐにお弁当を全部食べてしまうらしいですよ。わかるわかる。10時すぎると、お腹すくよね〜。母ちゃんもその時間にお昼ご飯食べてるよ。

▶ 2014/02/27
焼きうどん弁当

焼きうどん、目玉焼き、おにぎり（じゃこ＆梅）、一口パン

焼きうどんは日清焼きうどん　香ばしじょうゆ味。それぞれ2人前ずつ。フライパンで4玉分を一度に作ったので手首が腱鞘炎になるかと思ったわ。一口パンは、手作り。何を間違えたのか、なかなか発酵しなくて……。「かにぱん」みたいな味。残念ながらちょっと硬いです。ひとり3個ノルマでよろしく。

▶ 2014/04/14
こってり甘酢照り焼き丼 春

こってり甘酢照り焼き丼、トマトのマリネ、豆ときんぴら（冷凍食品）、おにぎり（じゃこ＆わかめ、梅）

双子弟のお弁当。鶏もも肉1枚使いました。照り焼きのたれに寿司酢を足してからめてます。男子が好きそうな、こってり味。こういうお弁当が一番評判いいです。

▶ 2014/04/16
鶏肉のゆずこしょう焼き弁当

鶏肉のゆずこしょう焼き、三色野菜の中華和え、さつまいものレモン煮

ふたり揃ってお弁当箱を洗いに出してなかったので（朝気づいた）。詰めやすい2段弁当です。ただ、底が浅く、さつまいもが飛び出してて蓋が閉まらない。思いっきり押し込んで、無理やり閉めました。新しいお弁当箱が欲しいなあ。2段になってって、1.2Lくらい入るようなやつを。

▶ 2014/04/28
タンドリーチキン弁当

タンドリーチキン、スパゲッティ・ミートソース、かぼちゃと枝豆のサラダ

タンドリーチキンもスパゲッティも自家製冷凍食品です。先週多めに作って冷凍しておいたの。先週の私、ありがとう♪　そして、通販で買った、添加物が少なめの「無塩せきベーコン1kg（税込み1,058円）」が届きました。送料無料にするため、8袋（笑）。でも、いいの。賞味期限の9月までには絶対なくなる！

▶ 2014/04/28
うちの冷凍庫

うちの冷凍庫。去年の夏に購入したもの。何年も前から夏になるたび欲しかったんです。国産メーカーでないのだけが残念ですが。容量は66L。リビングに置いてます。だって、ここしかないんだもん。置き場所がソファーの横で……。私は食品の大量買いがほんとに好き。食料がたくさんあると安心する……♪

▶ 2014/05/17
豚ステーキのっけ弁当

豚ステーキ、もやしとピーマンの中華和え、たけのことお揚げの煮物、うまい菜のおひたし、おにぎり（岩のり）、ベーコン卵サンド、豆乳

豚肉を焼いて、焼き肉のたれと赤ワインをからめるだけで、出来上がり♪　豚肉が柔らかくなるかなあと思って、一晩、パイナップルの汁に漬けておきました。写真のSOY BE UP！っていうのは、たんぱく質多めの豆乳飲料です。無理やり、お弁当につけときました。

▶ 2014/05/25
お弁当２日分と双子兄のこと

いか焼きそば、おにぎり（鮭、岩のり）

一昨日のお弁当。昼すぎに帰る双子兄には、小さいお弁当には１玉。大きいほうには２玉。週末、双子兄が入院しました。「肺気胸」という病気です。朝、胸が痛い、息がしにくいと言う双子兄に「背中つったんちゃう？」と言って送りだしてしまいました……反省反省。今は元気になりましたが、しばらく入院しないといけないんだって。

▶ 2014/05/30
鶏のオイマヨ焼き弁当と双子兄退院

鶏のオイスターマヨネーズ焼き、パプリカと青梗菜炒め、ねぎ入り卵焼き、ゆでブロッコリー、白菜ときゅうりの漬け物、おにぎり（鮭、昆布）

最近作ってなかった、オイマヨ味の鶏肉弁当。オイスターソース＋マヨネーズは、私の好みよ。このお弁当は、「野菜ばっかり」と言われるかどうか、瀬戸際な感じ。今日、双子兄が退院しました。あー、よかった。来週、また病院に行って、抜糸＆今後の治療について聞く予定です。

▶ 2014/07/05
煮物弁当

煮物、ウインナー&キャベツ炒め、ささみポテトサラダ、卵焼き、おにぎり（ささみマヨ、岩のり）

地味なお弁当。バーンとメインを張るものがなかったの。カルシウムが足りないかも、と、ご飯にじゃこをのせてみました。給食でなくなってから、牛乳を飲む量が減ったので。運動をしている高校生にはカルシウムは1,000mg必要だそうで。食事だけでとるのはちょっと大変……。

▶ 2014/09/10
酢鶏弁当

酢鶏、キャベツと卵炒め、シュウマイ、揚げびたし、おにぎり（鮭、じゃこ&ゆかり）

前夜、鶏唐揚げだったので今日は酢鶏です。この流れはほぼ定番。キャベツと卵炒めは、卵が1個しかなかったので、キャベツでかさ増ししました。卵が冷蔵庫にないと不安になります。1週間に3パックは使います。あと、牛乳もないと不安。先週は1週間で8本買ってました。

▶ 2014/09/11
鶏照り焼き丼弁当

鶏照り焼き丼、オクラのおかか和え、人参ごま和え、おにぎり（鮭&じゃこ）

メニューを考えずに寝てしまい、朝は照り焼きしか、思い浮かばなかった。ピーマンも付けときます。また近所の方が、玄関前にそっと置いといてくれました。

▶ 2014/10/03
チキンかつ弁当

チキンかつ、千切り野菜のサラダ、おでん、なすのおひたし、おにぎり（じゃこ&かりかり梅、じゃこ菜）、チキンかつサンド

鶏むね肉を2枚分かつにしました。2枚でもたくさんできるから経済的。「朝から揚げ物してくれたん〜！ ありがとう！」などとかわいらしいことを言われて、母はご満悦です。うちのおでんは直径36センチの大きな鍋で作ります。みんな大好物。ゆで卵は14個入りです。

▶ 2014/10/09
豚肉と青梗菜の中華炒め弁当　秋

豚肉と青梗菜の中華炒め、折りたたみ卵、じゃがいもソテー、人参のグラッセ、みそ汁、菓子パン、おにぎり（昆布）

写真にはないけど、おにぎりも作りました。みそ汁は双子弟のリクエスト。一昨日持っていったのがおいしかったらしくて。昨日は双子兄にも持たせましたが、お弁当の袋に入らず、別に持っていったので家に帰るまで、存在を忘れてたって。食べずに持ち帰ってきました……。

▶ 2014/10/10
オムライス弁当　秋

オムライス、鶏じゃが、きゅうりとささみのマヨ和え、野菜とささみの中華スープ、菓子パン、おにぎり（チキンライス）

誰ですか!?　オムライスの付け合わせに、煮物を入れてるのは（笑）。思いがけず、空いたスペースが大きかったもので、夕飯の残りの煮物を入れてしまいました。今日はおかずすべてに鶏肉が入っています。「鶏尽くし弁当」かも。予算の関係で、鶏ばっか……（￣▽￣;）

▶ 2014/10/28
炭水化物祭り弁当　秋

焼きそば、たこ焼き、カレーチャーハン、おにぎり（カレーチャーハン、鮭わかめ）

双子弟、練習試合でなかなか頑張ってました。お弁当、足りないかな？と　思うほどに。そのときに会った同級生の部員の子、がっしりしてた〜！　双子弟も、筋トレ後にプロテイン飲んだりしてるし、一応、体重×2gのたんぱく質は心がけてるんですが。炭水化物祭りなお弁当じゃダメだな……。

▶ 2014/11/29
豚しょうが焼き丼弁当　秋

豚しょうが焼き丼、卵焼き、ゆでブロッコリー、キャベツの梅和え、おにぎり（高菜）、菓子パン

このお弁当、蓋を開けたときに友達に褒められたと双子弟が言ってました。ポイントは肉＆紅しょうが!?　牛丼屋テイストで、男子高校生のハートをとらえたのか。男子高校生のお弁当を作られてる方は、一度お試しを（笑）。

17 ワタナベさん
WATANABE

お弁当作りを開始する時間	お弁当作りにかかる時間
7〜8時 (早くて6時30分〜7時30分、寝坊したときは8〜8時30分)	料理は20〜30分 冷ましたり詰めたり片付けしたりで、全体で40分程度。

▶「ワタナベントウ」 http://watanabentou.jugem.jp/

冷凍食品や作り置きNGなので朝勝負！

東京在住、設計事務所勤務（通勤15分）の会社員。夫婦ともに仕事に追われ、コンビニや外食ばかりでした。「この日常、健康的にまずいな。仕事以外のことを考えたいな」と始めた弁当作り。多忙なことには変わりなく、寝坊して手抜きばかりですが、それでも買って食べるよりも十分満足しています。

▶ お弁当へのこだわり
基本は3本。メイン＋緑＋黄色（白）。それに赤としそ（抗菌対策）。冷凍食品、作り置きはNG。何弁当かわかりやすいお弁当にすること。どれだけ簡単においしくできるか精進の日々です。

▶ お弁当のメニューを決める方法
TV・雑誌、料理・弁当ブログを見たり、体調だったりさまざま。家にあるものをうまく利用できるように。

▶ 2014/01/09
いわし缶炊き込みご飯
冬

いわし缶炊き込みご飯、ソーセージ、野菜炒めとトマト、写ってないけど玉ねぎのみそ汁

今日はいわしの缶詰の炊き込みご飯。昨日お財布を忘れていったため、買い物できず家にあるもので弁当です。ということで、いわし缶炊き込みご飯です。クックパッドでずっと気になってたレシピ。お、うまい！

▶ 2014/01/22
牛肉のしぐれ煮弁当
冬

牛肉のしぐれ煮とご飯、スーパーで買ってきた土佐煮、春菊のナムル、煮卵とトマト

今日は牛肉の佃煮です。『弁当（コウケンテツ・講談社）』のレシピ。昨晩から仕込んでます。ちょっとしょっぱめの味付けですが、それが弁当に向いてます。ご飯が進む危険食品と認定します。

▶ 2014/01/24

ほたるいかの
炊き込みご飯弁当

ほたるいかの炊き込みご飯弁当、ぶり大根とトマト、春菊のナムルと煮卵、写ってないけど大根とねぎのみそ汁

今日は久々、ほたるいかの炊き込みご飯。ほたるいかのみそがご飯に移っておいしいです（いかめし好き）。あとは昨日作ったぶり大根です。春菊のナムルは、先日から続いている『弁当』（コウケンテツ・講談社）からのレシピ。ごまと春菊の風味がおいしい！

▶ 2014/03/06

柔らか鶏つくね弁当

柔らか鶏つくね、マカロニサラダ、菜の花のからし和えとトマト、梅干しとご飯、写ってないけど豆腐とねぎのみそ汁

ひき肉しばりと決めた今週、今日は柔らか鶏つくねです。NHKの「みんなのきょうの料理」サイトのレシピです。これ……うまい……。なんだ鶏つくねかと思ったそこのあなた！（←どなた？）　ほんとに柔らか鶏つくねです。

▶ 2014/03/07

ピーマン入りハンバーグ弁当

ピーマン入りハンバーグ、キャベツ炒めとスナップえんどう、切り干し大根の煮物、ご飯と明太子、写ってないけど豆腐とねぎのみそ汁

ひき肉しばり開催中。今日はピーマン入りハンバーグ『女の子の大好きなお弁当』（藤野嘉子・文化出版局）からのレシピです。ピーマン好きにはたまらないと思われます。今日は味見してないので食べるのが楽しみです。

▶ 2014/03/12

たこチャー弁当

たこだけのチャーハン、菜の花のおひたし、昨日の土佐煮、ソーセージとトマト、お吸い物

今日はたこのチャーハン。シンプルにたこのみチャーハン（菜の花とたこのチャーハンにするつもりが、菜の花を入れ忘れたの巻）。シンプルに塩こしょうのみ。はい、ぎりぎりです。睡魔に負けました(=_=)。

▶ 2014/04/02
シーフードと春キャベツの パスタ弁当

シーフードと春キャベツのパスタ、スナップえんどうのサラダ

東京晴れ。知らぬ間に桜満開です。今日はシーフードと春キャベツのパスタ弁当。シーフードは冷凍モノ。……手抜きです(=_=)。自家製オイルサーディーンのオイルを使用して作りました。さっぱりおいしいよ。

▶ 2014/04/29
たら筋丼弁当

たらこと筋子のご飯、わかめサラダを買う予定

今日はたらこと筋子ののっけ丼。もちろん北海道産ですフフフ……。うまくないわけがない！ ご飯＋のり＋ご飯の三層構造。しそをアクセントにたらこと筋子をたっぷり。……要はおにぎりと同じです。

▶ 2014/06/19
カオマンガイ弁当

カオマンガイ、ゆでアスパラとゆで卵

暑いねー。こんな日はカオマンガイ。タイ料理を弁当に持ち込む季節になりました。クックパッドの人気レシピで。ナンプラー大好きです。いつもの見た目ごまかしトマトは品切れ。弁当、少しさみしいです(-_-)。

▶ 2014/07/06
チーハムぽてサンド弁当

主人作チーズハムポテトのサンドイッチ、さくらんぼ

昨日も今日も明日も明後日も仕事なり。とっても眠いなり……。こんなに忙しいのになぜ痩せぬ！ ……それはね、深夜の食事がまずいからよ。

▶ 2014/07/29 コーンご飯弁当

コーンご飯、ししとうとソーセージの塩こしょう炒め、ゆで卵とトマト、写ってないけど、おやつに最高においしいゆでとうきび

今日はコーンご飯。北海道産のとうきびをいただきました（いつもありがとうございます！）甘くてプリプリしていて、なんとも贅沢なとうきびです。コーンご飯はクックパッドのレシピです。あとは一緒にいただいた北海道産のししとうで炒め物。これまた緑の味が濃くて、太陽の味がします。（←てどんな味？）やっぱり弁当いいな。

▶ 2014/08/19 みょうがご飯弁当

みょうがご飯、ゴーヤチャンプル、卵焼きとトマト

今日はみょうがご飯です。最近みょうがにはまっています。この香り、なぜか実家を思い出すんだよなぁ。郷愁かなぁ。ということで、今週はみょうが週間に決定。金曜まで、みょうがしばりします。だけど、じゃこ入れたのに、味が弱かった。今度持っていくときには梅干しも入れよう。あ、これおにぎりにしてもいいかもなー。

▶ 2014/10/02

きのこ弁当

きのこの炊き込みご飯、しめじ入りつくね、ハムレタスのごまマリネとトマト

今日はきのこの炊き込みご飯です。意外に手間がかかるこの炊き込みご飯、「シェフご飯」というサイトから。きのこプリプリ、揚げがうまし！ あとは気になっていたしめじ入りつくね。これは弁当メニューにぴったりです。甘辛うまし！ リピ決定！

▶ 2014/11/04

トマトの炊き込みご飯弁当

トマトの炊き込みご飯弁当、人参のマスタード和え、ゴロぽてとトマト、写ってないけど野菜スープ

今日はトマトの炊き込みご飯弁当。LINEニュースで流れてきていたこのメニュー、おっかなびっくり作ってみました。……うまいかも！ さわやかなトマトの酸味と鶏肉のうまみ！ あっさりチキンライスだ。しょうがは切らしていたことに気づかずで、入れてません。でも十分おいしいです！ また作ろう！

▶ 2014/11/13 | おにぎり弁当

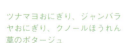

ツナマヨおにぎり、ジャンバラヤおにぎり、クノールほうれん草のポタージュ

今日はおにぎりです。昨日作ったジャンバラヤおにぎりとmyネタランキング上位のツナマヨです。今日はバタバタする予定。問題は食べる時間があるかでして……。

▶ 2014/11/25　豚汁日の丸弁当

豚汁、義兄夫婦からいただいた筋子とご飯。叔母からいただいたみかん

今日は豚汁。昨日から食べたくて仕方なかった豚汁。クックパッドの人気レシピ。ごぼうを焼き付けるのがポイントらしい。お！しみ甘！ 玉ねぎが入っているので甘みが強いです。おいしいなぁ。温まるなぁ。あとは義兄夫婦からいただいた筋子in。（いつもありがとうございます！）今日の弁当最強です。

▶ 2014/11/29　鶏ロール弁当

鶏ロール、卵焼き、ほうれん草のおひたしとトマト、ご飯とスナップえんどう、写ってないけど豆腐のみそ汁

今日は鶏ロール。火を使わないステキ料理。昨日の夜仕込みました。レモンジンジャーのソース付きのレシピですがソースなしでも十分おいしいです。「NHKみんなのきょうの料理」サイトのレシピです。

18 コーヒーミルクさん
COFFEE MILK

お弁当作りを開始する時間	お弁当作りにかかる時間
19時台（夕飯が終わり次第）	10分（あるものを詰めるだけなので）

➡ 「東京弁当専科」 http://coffeemilk1983.blog.fc2.com/

あるものを詰める頑張りすぎない時短弁当。

夫とふたり暮らし。30代前半の会社員です。東京の多摩地区在住。お弁当は食べすぎず太らないし、食費もセーブできるし、ブログも楽しいので続けています。フルタイム勤務で時間が限られているので、色合いも品数も頑張りすぎないようにして、お弁当作りが負担と感じない範囲で作っています。

▶ お弁当へのこだわり
お弁当のためだけにわざわざ料理しない（夕飯の取り置き、常備菜、冷凍食品等活用）

▶ お弁当のメニューを決める方法
夕飯のメニュー次第。日〜木曜の夕飯は、お弁当用に取り置きしやすいものにしています。

▶ 2014/05/20
豚の角煮弁当 春

豚の角煮、黒豆、叩きごぼうもどき、焼きねぎのマリネ、キャロットラペ、トマト、雑穀ご飯とからし明太子

包丁バンバンふりまわしてホラーな空気出ちゃってたのに微妙に割れなかった叩きごぼうもどきとか、夫に不評だった焼きねぎのマリネとか、切ない常備菜と角煮の弁当です。

▶ 2014/06/13
ラタトゥイユのチーズ焼き弁当 夏

ラタトゥイユのチェダーチーズ焼き、アロエヨーグルト

昨日の晩作ったラタトゥイユ。オリーブオイルを熱してにんにくとベーコンを炒め、切ったなす、ズッキーニ、人参、玉ねぎ、セロリをストウブにポイポイ入れて野菜ジュースとコンソメで煮る……あら簡単。今日はチーズのせてアレンジ。

▶ 2014/07/03

豚ヒレの黒こしょう
ロースト弁当

夏

豚ヒレの黒こしょうロースト、トマ玉炒め中華風、ほうれん草のおひたし、きゅうりの浅漬け、蒸しとうもろこし、おまめさん、雑穀ご飯

昨日の夕飯に作った豚ヒレのロースト。『クロワッサン』に載ってた瀬尾幸子さんのレシピですが、豚ヒレに塩こしょうして、ホイルで包んでトースターで25分蒸し焼きにするだけ。超絶簡単レシピなのにめっちゃうまい♪ 手間暇とおいしさはかならずしも比例しない……。

▶ 2014/07/17

ゴーヤとソーセージの
中華炒め弁当

夏

ゴーヤ・ソーセージ・卵の中華炒め、きゅうりの浅漬け、ミニトマト

今夏初ゴーヤ。昨日は夕飯作りはサボリデーにし、お店でざるうどんを食べたんだけど、あまりのスピード夕飯＆帰宅で、エネルギーが余ったらしく、結局ゴーヤ炒めを作ってしまった。そんなわけで、非効率かつTUBEの歌が聞こえてきそうな弁当になりました。

▶ 2014/07/24

たこめし弁当

夏

しょうが入りたこめし、香り揚げチキン（冷凍）、ゆで卵、枝豆（冷凍）

以前作ってみたら好評だったたこめし再登場。たこってどうしたらもっと柔らかくプリプリになるんだろう。研究しよう。その他は冷凍やら適当おかず。アツイ……ダルイ……キョジャッキーにはしんどい梅雨明け猛暑……。

▶ 2014/07/30

チキンと夏野菜のカレー弁当

夏

チキンと夏野菜のカレー、ゆでオクラ、ゆで卵、雑穀ご飯

オクラよ、進化の過程でなぜこの形になったのか……「輪切りにしたら星型」って……。どうも、弁当部ビジュアル課ポップ係長のオクラです。課長のリーフレタスはただいま夏休みをいただいております。カレーは野菜ジュースで煮込んでいます。

▶ 2014/09/09
ひじきの豆腐バーグ弁当 秋

ひじき豆腐バーグ（市販）、チキンの香り揚げ（冷凍）、ゆでオクラ、ゆで卵、雑穀ご飯と梅

買った豆腐バーグをチンして、あったもの詰めて終了。忙しいとお弁当作りが微妙にめんどいときもあるけど、お昼にご飯をさっと食べられて、やはり、どうにもカイテキ。たまに同僚とランチに行くときは、いつもボンビー弁当だからいいんだ、と、がっつりリッチに行く。フハハ。

▶ 2014/10/09
パングラタン弁当 秋

パングラタン

ご飯も作り置きもなーい！　今日は同僚と外ランチか……なんて思ったけど、ひらめいた。食パンでパングラタン。耐熱皿に食パンのっけてチンしてかさを減らし、パスタソース、チーズ、オリーブをのっけてトースターへ。5分で完成。何にもない、そこからが本当の勝負だ（笑）。

▶ 2014/10/23
定番の三色丼弁当 秋

三色丼、ウインナー

豆苗のオイスターソース炒めと炒り卵を作り、ご飯におかかを敷く。そして焼き鮭。次々フライパンで焼いている間に、冷凍ご飯を温め、ウインナーをゆでる。これだけなのにわたしゃどうして20分もかかるのかな？？　手際がすばらしくいいな（笑）。

▶ 2014/11/06
牛すじご飯弁当 秋

牛すじご飯、ブロッコリーとお魚ソーセージのソテー、まだあるよマカロニサラダ

ゼブラ弁当箱も年季が入ってきたな……。弁当は趣味でもあるから、見境なく弁当箱の数を増やしてしまったのですが、やはり日々使うのは限られてる〜。でも弁当箱は禁断の領域ということで、断捨離対象外にしてる。

▶ 2014/11/07
たこウインナー弁当

かに缶と塩昆布の炊き込みご飯（冷凍ストック）、京都五辻の昆布、たこウインナー

自分の弁当だから許されるよね。わたしゃウインナーが好きなんでなんの問題もないのさ。「なのさ。」って言い回し、小沢健二の歌詞に多用されていたと思う。中学生のとき、フリッパーズギターの歌詞をひたすらルーズリーフに書き写してはお経のように唱えていたな……。

▶ 2014/11/10
たこじゃが弁当

たこじゃが、豚肉のしょうが焼き、ゆでブロッコリー、五辻の昆布のおやつ昆布、ミニトマト、白米に梅

たこじゃがは、じゃがいもの皮をむいてレンチン。ストウブにオリーブオイルをひき、にんにくを焼きつけてから、じゃがいもと一口大に切ったゆでだこを入れます。酒をふって、クレソルで味付けしたもの。適当のわりにはおいしかったな。

▶ 2014/11/20　鶏のみそ漬け焼き弁当

鶏のみそ漬け焼き、マカロニサラダ、ブロッコリーの明太バターソテー、雑穀ご飯と大葉

鶏のみそ漬け焼きは、先週作っておいしかったのでリピ決定です（＠コスメ風に）。はちみつもまた一緒に漬け込んでます。魚焼きグリルで軽く焦げめがつくまで焼きました。日曜日に手間貯金で下ゆでおいたブロッコリーはそろそろ加熱調理してフィナーレかってことで、バターと明太とフライパンでさっと炒めました。月から水曜日までお弁当の要らない日が続き、コンビニ、丸亀製麺、ファミレスと渡り歩いたのですが、やっぱりお弁当はいいな♪　スカスカの陳列棚から興味のない具のおにぎりとか買うのガックリだよね。

▶ 2014/11/25　唐揚げ弁当

鶏の唐揚げ、コールスロー、ロマネスコと人参のカレーピクルス、ゆでほうれん草

- - - - - - - - - - - - - - - - -

だるすぎる三連休明け。日曜に作った常備菜と市販の鶏からの楽ちん弁当ではりきって出勤だよ♪（ってキャラ違い）　てか、ほうれん草にしょうゆかけるの忘れたぁ〜。まじ休み明け×雨のうっとうしい一日を頑張った私を讃えたい。皆さんもお疲れさまです。『大地讃頌（さんしょう）』うたったアラサーは手ぇあげて！

▶ 2014/11/26　豚キャベロール弁当

豚キャベロール、ゆで卵、ロマネスコと人参のカレーピクルス、白米に梅

- - - - - - - - - - - - - - - - -

野菜の肉巻きって、本当おいしい。千切りしてレンチンしたキャベツを、豚こまの長めの一切れを使ってローリング。味付けは塩こしょうだけ。うーんキャベツの甘味と肉のうまみがたまらない。ありあわせのキャベツと豚こまで昼休みが楽しみになるなんてチープな自分に乾杯。昨日はついに湯たんぽ解禁。よく眠れます。明日は暖かいのかな。寝る前に、洗濯タイマーかけてもらおう（洗濯を干すのは夫の担当、取り込みは私の担当）。朝家事は夫、夜家事は私って感じで分担しています。弁当作り含め、朝の家事は本当にムリー！

▶ 2014/12/01
あさりパエリア弁当

▶ 2014/12/10
やりいかの
バターしょうゆ焼き弁当

冬

あさりとえびとベーコンとしめじのパエリア、大和芋の
タラモサラダ、ちくわ入りひじき豆

やりいかのバターしょうゆ焼き、チキンの香り揚げ（冷
凍）、おまめさん、トマ玉炒め、白米

正しくはパエリア風の炊き込みご飯？ 週末作ったかぼ
す塩を合わせて食べました。うまいです。大和芋で作る
ポテサラはムッチンとしてて、じゃがいもで作るのとは
また違うおいしさ。皮むくとき手が死ぬほどかゆかった
けどね（笑）。

「怪奇！ 昼休みにいかにかぶりつく謎のOLがいた！」
取材の申し込みを待っています。実際お弁当はひとり
で食べているので食事中の姿は秘密のベールに包まれて
ます。問題なし。ともかくボイルやりいかをさっとバター
しょうゆで焼きました。

▶ 2014/12/12
キャベコンビーフ弁当

冬

▶ 2014/12/17
仙台黒毛和牛肉じゃが弁当

冬

キャベツとコンビーフの炒め、種子島の安納芋で焼きい
も、おまめさん、白米に塩昆布

仙台黒毛和牛で肉じゃが、中華風トマたま炒め

困ったときの缶詰グルメ。キャベツとコンビーフの組み
合わせて最高。地味な色合いだけど今週の弁当で一番
おいしかった（笑）。種子島に住んでいる叔母からもらっ
た安納芋。めちゃくちゃ甘くて、自然の味でどうしてこ
こまで？ ってほどだった。

リニューアルしたスーパーの特売で仙台黒毛和牛が4割
引きだった～。ニクニク～！　昨日の帰宅後、ストウブ
鍋に材料を入れてささっと肉じゃが完成。うまい。今な
ら言える、「得意料理は肉じゃが」だと……イケメンが目
の前に現れたら、名前より先に告げよう（笑）。

19 おがわひろこさん
OGAWA HIROKO

お弁当作りを開始する時間	お弁当作りにかかる時間
5時30分くらいから	20～30分

▶「ranmama-kitchen**」 http://ranmagohan.exblog.jp/

無理せず家にあるものでお手軽に！

夫、私、長女、長男、次女の5人家族。毎朝、残り物や作り置きなどを利用し、夫のお弁当を作っています。私のブログがレシピ本になります！毎日のお弁当作りが少しでもラクになるように、時短レシピや常備菜のレシピも紹介しています♪ぜひ参考にしてくださいね！　絶賛好評発売中！『ranmama kitchen** みんなが喜ぶお弁当』（おがわひろこ著 定価920円＋税 宝島社）

▶ お弁当へのこだわり
前日の晩ご飯の残り物を1～2点入れて時短に。なるべく赤・黄色・緑の食材を入れ、彩りよいお弁当に。

▶ お弁当のメニューを決める方法
前の日の残りものに合わせて他のおかずも考えます。手抜きしたいときは、丼弁当や麺弁当です。

▶ 2014/06/21
エビ玉丼弁当

夏

エビ玉丼

前日に多めに作って残しておいたエビフライを卵とじにして、エビ玉丼に。前日に揚げておいたエビフライをそのまま入れるより、エビ玉丼にしたほうが、おいしくてさらに見た目もかわいくなりますよ。

▶ 2015/01/15

鮭弁当

鮭の塩麹漬け焼き、チキン南蛮、パセリ入り卵焼き、スナップえんどうのツナマヨサラダ

おかずが寂しい時は、思い切ってご飯の上に鮭のっけてごまかします。生鮭を塩麹に漬けこんで、しっとりおいしくほどよい塩分にしています。ご飯ススムかな!?

▶ 2015/01/21

さつまいもご飯弁当

さつまいもご飯、ささ身のフライ、揚げ餃子、ほうれん草の塩麹ナムル、きゅうりとコーンのツナサラダ、ゆで卵、プチトマト

さつまいもご飯をたっぷり作ったのでお弁当に。昨晩のおかずをお弁当用にしっかり残し、朝から頑張って揚げ物です。揚げ作業ついでに冷凍してた餃子もカリッカリの揚げ餃子に♪ 揚げ物W攻撃────! さつまいもゴローンゴローン。お腹いっぱいになりますよーに。

▶ 2015/01/22

おにぎり弁当

おにぎりに昆布と梅干し、鶏じゃが、いんげんの肉巻き、コーン入り卵焼き、焼き油揚げと人参の和風コールスロー、枝豆

きれいに握ったおにぎりが、おかず詰めるのに夢中で変形したお弁当になりました……3つの角度、絶対等しくないよね(笑)。

▶ 2015/01/23

牛丼弁当

牛丼

やっぱり牛肉はおいしいー！ 牛丼弁当はゆで卵のっけ。ゆで卵だけじゃ寂しいから、スナップえんどうとねぎものっけ。でも、それだけじゃ寂しいからつゆだくで(笑)。たぶん10分で完成。すごいねー。簡単かつ時短でおいしい。毎日こんなお弁当だったらうれしいだろうなぁー。私が(笑)。

▶ 2015/01/27

ミートパスタ弁当

ミートパスタ

ロールキャベツを作った時に残ったトマトソースにひき肉、ベーコン、プチトマト、ナス、コーンを加えてパスタと絡めて簡単麺弁当を作ってみました。

▶ 2015/01/27

野菜肉巻き弁当

牛肉の野菜三種巻き、さばの竜田揚げ、ねぎ入り卵焼き、ブロッコリー、スナップえんどう、プチトマト、白花豆の煮豆

前日の夕ご飯のおかずを朝は焼くだけ！ 揚げるだけ！ 詰めるだけ！ にしておいたお弁当おかずが大集合。

▶ 2015/01/29

チキンかつのっけ弁当

グリーンピースご飯、チキンかつ、かぼちゃの煮物、厚揚げの卵とじ、ブロッコリーとスナップえんどう、プチトマト

オール夕ご飯おかずスライド。どーしてもグリーンピースご飯が食べたくて、冷凍の有機栽培グリーンピースを使って作ってみました。我ながらおいしいデキ？ 寂しいおかずの時もご飯に何か混ざってると安心するー。何より豪華に見える……ような気がするー(笑)。

▶ 2015/01/30

本日は
サンドイッチ弁当

卵サンド、ブラックチェリージャムサンド、チキンかつサンド、あんこバターのくるくるサンド、チーズきゅうりのくるくるサンド

昨日に引き続き、チキンかつがレギュラー出場☆チキンかつをどんだけ作ってるんだろーね(笑)。自分でも何であんなに仕込んだのか意味不明。たぶん前世、大きな学校の学食のおばちゃんだったと思います(笑)。そんでもって鏡開きに作って冷凍しておいたあんこも大活躍。とにかく作り置きが大好きな私です。

▶ 2015/02/03　春巻きと常備菜いろいろの旦那弁当

春巻き、菜の花の豚肉巻き、高野豆腐、しいたけのマヨ焼き、ウインナー、焼き赤かぶ、枝豆

いろいろ詰めてるけど、地味っちゃー地味(←タモさん風。笑)。毎日作るお弁当だから無理なく、たまには地味でも仕方ないと開き直るのも大事……だと思います。ねー！ お弁当作り頑張ってる日本全国のお母さ〜〜ん？無理なく背伸びせず明日も頑張りましょー!!

▶ 2015/02/04　巻き寿司弁当

巻き寿司、鶏天、蓮根のきんぴら、ポテトサラダ、ゆで卵、プチトマト

節分で食べた巻き寿司の残りを詰めました。残り物も残り物らしく詰めず詰め方次第で立派なおかず……ですよね!?(￣m￣〆)

私のブログ「ranmama kitchen**」がレシピ本になります！ 毎日のお弁当づくりが少しでもラクになるように、時短レシピや常備菜のレシピも紹介していますよ♪　ぜひ参考にしてくださいね！絶賛好評発売中！『ranmama kitchen** みんなが喜ぶお弁当』(おがわひろこ著 定価920円＋税 宝島社)

20 ぷにmamaさん
PUNIMAMA

お弁当作りを開始する時間	お弁当作りにかかる時間
5時（朝練あり） 6時（朝練なし）	20〜30分

▶「部活めし」 http://blog.livedoor.jp/bukatumesi/

柔道を頑張る息子のための部活めし！

高校生男子の驚異の食欲を満たすべく『部活めし』を始めました。息子の部活（柔道）の朝練、午後練の前後に食べる身体作りのためのお弁当です。息子の目指す「ゴリマッチョ化」を応援中。いつか「練習は辛かったけどお母さんのお弁当はおいしかったな〜」とふり返ってもらえるよう毎日頑張っています。

▶ お弁当へのこだわり
「子供の身体は母さんの愛情ご飯できている」をモットーに安心・安全を心がけ、地元産、国産を選んでいます。

▶ お弁当のメニューを決める方法
子供のリクエストが最優先ですが、競技が階級制のため減量期、増量期によって食材選びや調理方法を変えています。

▶ 2014/06/03
ロールケーキ泥棒

夏

昼のお弁当、部活前のおにぎり

毎週、水曜日は学食が利用できないのでお弁当です♪ しかしこれってだまされてるんじゃ？ と思う今日この頃……誰かにあげてるとか？ この量、本当にひとりで食べてるの？「パタン」。今、出かける時に冷蔵庫を開ける音が……。やられた〜。晩のおやつ用のロールケーキ＆オレンジジュースを持っていかれました。

▶ 2014/06/04

焼きそば弁当

部活前用お弁当：焼きそば＆おにぎり3つ

今日もガッツリ持っていきました。昼食は、学食で特大丼を食べているんですよ〜!? 昨夜、息子「お母さん、飯トレお願いします！」。筋肉をつける食事を一生懸命に食べることですって。破産するわ……。晩ご飯には豚丼。豚肉300gに玉ねぎ2つ＆人参1本。ご飯3合。息子よ――これで足りますか？

▶ 2014/07/02

体重を15キロ増やすことになってしまいました

部活前用弁当：かにかまチャーハン、唐揚げ、ひき肉そぼろ丼（それ以外に冷やし中華、コロッケ）

最近はずっと66〜67キロの次男。減量して66キロ級で試合出場していたのですが、監督から、81キロ級に上げて団体戦目指せという指令が。それで1日5000キロカロリーを目標とすることになりました。団体レギュラーに色気を出した息子はやる気満々。母は心配です。

▶ 2014/07/03

6000カロリーの食事とは？

オムカレー弁当、カレーチャーハン、ピーナツサンド＆ジャムサンド

買い物中「いかにカロリーの高いものを買うか」を悩む……。昨夜の食後71.5キロ、正味70キロといったところかな。息子のクラスはスポーツ科です。身体作りのためにどんどん食べろ〜って感じです。先生もお昼以外に食べることは禁止どころか「奨励」です。

▶ 2014/07/16
我が家の冷凍庫公開〜

夏

我が家の冷凍庫です。め〜いっぱいお肉です！ ６キロのお肉を購入してきました。ガソリン高騰の今、１時間かけてでも買いに行きたいお肉屋さん。100g99円。しかもおいしい♪　お隣では豚しゃぶのお店をされているんです。我が家は豚しゃぶ用ロース３キロ、もも３キロ。約40袋に小分け完了〜。しばらくはそれで乗り切りま〜す。

▶ 2014/08/01
息子が結婚したら……

 夏

チャーハン、チキンかつ、焼き鮭、卵焼き、素麺

またチャーハン。不器用なので皆さんのように、おいしそうなおかずを入れてあげることができません。女子高生弁当……憧れる〜！　はぁ〜。早く結婚してくれないかなぁ〜。お嫁さん、かわいいだろうなぁ〜。

▶ 2014/08/02
この暑さの中、寄せ鍋

夏

そぼろ弁当、豚肉の照り焼き弁当

昨夜の晩ご飯は次男のリクエストで寄せ鍋をしました。豚肉１キロを３人で（ほぼ次男の胃に収まりました）お鍋はいいですね。お野菜やお豆腐をたくさんとれて完璧だ〜。シメの雑炊は、３合分のご飯を入れて次男が作ってくれました。

▶ 2014/08/04
ご飯お代わり無料のお店

 夏

鶏むね肉の塩ぶっかけうどん、鶏肉の照り焼きとかのっけ丼

今日もお弁当２個！　次男、昨夜は柔道部御用達のラーメン屋へ。一緒に行った友達からのTwitter画像には「次男くんご飯９杯目いってます」と！　運動部の子の強い味方の食べ放題のお店の皆さん、本当にありがとうございます。そして、すいません。

▶ 2014/08/14

もっと食べないといけない？　夏

豚肉となす炒め、ピーマンにマッシュポテト、その上にチーズ、卵焼き

今日は他の高校との合同練習。お弁当は支給されますので追加のお弁当を差し入れ。800mlのタッパー弁当です。おかずの下にもご飯をしっかり詰めて出来上がり。しかし「(別の高校)の監督にちゃんと食えよって言われた」と。うそでしょ……。

▶ 2014/08/17

食費 vs. ビール代　夏

鮭ご飯、ハムかつ、かにカマ卵巻き、ウインナー、スパゲッティ

練習後の小腹満たし用弁当。ご飯1合分ですけどねっ！今日は長男の空手の試合。前売り券を買い損ね、200円高い当日券。ケチの私がグチグチ言ってると、次男「200円。お母さんのビール代に比べたら大したことないで〜」って。うん。君の驚愕の食費に比べたら大したことないね！

▶ お弁当エピソード　**EPISODE 11**

お弁当の思い出

私の父は働いてばかりで家にいない、怖い存在でした。そんな父がある日突然、「ピクニック行くぞ！」。家族「？？？」。押し黙って運転する父。思春期の弟と私は仏頂面です。そして天気は次第に大雨に……。どんよりとした空気の中、父は大きなおにぎりと卵焼きと唐揚げを出してきて、食べろって半ば命令。車の中で父母、姉弟の4人、黙ってお弁当を食べたのでした……。今ならわかります。父は父なりに、子供たちとの距離を縮めようと、きっと何日も前から計画し、早起きしてお弁当を作ってくれたんだって……。その日言えなかった感謝の思い、私は結婚式での両親への手紙に書きました。頑固な父は表情を変えませんでしたが、母いわく、相当我慢していた様子だそうです（笑）。

いつかのお弁当。

▶ 2014/08/25
ご飯７合（！）の飯トレ　夏

卵焼き、なすとしめじとゴーヤ炒め、ハンバーグ

今日は「飯トレ」の日。監督が身体作りのために部員全員を連れていってくれます。ノルマご飯７合！　なので、これは午前中の休憩に食べる少なめ弁当。元々小食な次男、頑張れ〜！　母さんなんかいくらでも食べられるけどなぁ〜！

▶ 2014/08/31
ハンバーグ弁当　夏

ハンバーグ、鶏肉のグリル、玉ねぎ＆ピーマンのバター炒め、炒り卵

今日も午前練習用の少なめ弁当。昼食はコーチから修学旅行のお土産のお返しにと、恐怖の「飯トレ」へご招待だそうです。次男「お土産買わなかったらよかった〜」。66キロから80キロ近くまで1か月半で増量できたので、これからは筋肉増量メニューに変更です。

▶ 2014/09/05
チーズミルフィーユかつ弁当　秋

チーズミルフィーユかつ、キャベツと青ねぎ炒め、アスパラナポリタン、チーズカレー

ミルフィーユかつは昨日のうちに作っておいたので今朝は揚げるだけ♪　カレーは温め直すだけ♪　いつもそんなに時間をかけてないけど……今日はいつもに増して楽ちんでした〜。

▶ 2014/09/12
体作りはお金がかかる〜　秋

豚ロースのわさびじょうゆ炒め弁当、（ゆかりおにぎり5個とオレンジ）

毎日、お弁当やおやつの他に500円〜700円を持っていっているのですが、学食で200円使った残りが謎です。最近の柔道部の子たちのブームは練習後の生ハムだって。贅沢！　脂肪が少なくたんぱく質がとれるからだそうですが、体作りはお金がかかる〜。「するめ」にしてください！

▶ 2014/10/28
今日のお弁当

焼き豚ならぬ焼き鶏、厚焼き卵、ブロッコリー

あら？ 焼き鳥なら知ってるけど？ まぁ、焼き豚みたいな感じです。やっつけ感が半端ない。この他に、補食用おにぎり5個、おやつに菓子パンを持っていきました。

▶ 2014/10/30
ささみのステーキ丼弁当

ささみのステーキ和風ソース

今日はささみのステーキ和風ソースです♪ 他に、補食のおにぎり6個。セブンの唐揚げ、ローソンのロールケーキを持っていきました。

▶ 2014/11/05
焼きそば弁当

焼きそば、チキンかつ（以前の晩ご飯を取り分けて冷凍保存）、ねぎ入り厚焼き卵、おにぎり

部活が早めに終わった次男から電話。早く帰ってくるのかと思いきや「今からバトミントンして遊ぶんで〜」。だって。体力あるね〜。でも普通、高校生が「遊ぶ」っていったら、もっと行くところあるよね。バトミントン……。小学生ですか？ まぁ健全でよろしいですけど。

▶ 2014/11/11
今日は、母、グチる

冷蔵庫にあれもない、これもない。牛乳2本、オレンジジュース、ロールケーキ。ハァ。自信作の晩ご飯は10分で胃袋へ（皿まで食べられそうな勢い）。その直後に「何かない？」と言われる。バナナ1房が晩ご飯後に消える。野菜も食べてほしい母の気持ち、「肉肉肉。飯飯飯」に打ち砕かれる。お米は5日で5キロ……。小学生の頃、食べ放題で「お母さん、食べられるもんがない」とゆで野菜とフルーツだけ食べてたかわいい次男坊くん、カムバック〜！ そして早くすぎ去って〜！ あと、半年かな。頑張ります！

20:PUNIMAMA

お問い合わせ

本書に関するご質問や正誤表については下記のWebサイトをご参照ください。

刊行物Q&A
http://www.shoeisha.co.jp/book/qa/
正誤表
http://www.shoeisha.co.jp/book/errata/

インターネットをご利用でない場合は、FAXまたは郵便にて、下記までお問い合わせください。

〒160-0006 東京都新宿区舟町5
FAX番号 03-5362-3818
宛先 （株）翔泳社 愛読者サービスセンター
電話でのご質問はお受けしておりません。

※本書に記載された情報、URL等は予告なく変更される場合があります。
※本書の出版にあたっては正確な記述につとめましたが、著者や出版社などのいずれも、本書の内容に対してなんらかの保証をするものではありません。
※本書に記載されている会社名、製品名はそれぞれ各社の商標および登録商標です。
※掲載の情報は、各著者のブログ掲載時点のものです。

装丁デザイン	米倉 英弘	（細山田デザイン事務所）
DTP制作	杉江 耕平	
編集	本田 麻湖	

みんなのお弁当日記

2015年3月2日　初版第1刷発行
2015年4月5日　初版第2刷発行

編者	SE編集部
発行人	佐々木 幹夫
発行所	株式会社 翔泳社（http://www.shoeisha.co.jp）
印刷・製本	株式会社 廣済堂

©2015 SHOEISHA Co.,Ltd.

●本書は著作権法上の保護を受けています。本書の一部または全部について、株式会社 翔泳社から文書による許諾を得ずに、いかなる方法においても無断で複写、複製することは禁じられています。
●落丁・乱丁はお取り替えいたします。03-5362-3705までご連絡ください。
ISBN978-4-7981-3846-6　Printed in Japan.